www.ingramcontent.com/pod-product-compliance
Lightning Source LLC
LaVergne TN
LVHW010320070526
838199LV00065B/5617

ضحاک

مترجم : اختر شیرانی

سامی (بلث) بے کے ایک ترکی ڈرامے کا ترجمہ

© Taemeer Publications LLC
Zahhaak (Drama)
by: Akhtar Sheerani
Edition: May '2025
Publisher :
Taemeer Publications LLC (Michigan, USA / Hyderabad, India)

ISBN 978-93-6908-286-5

مترجم یا ناشر کی پیشگی اجازت کے بغیر اس کتاب کا کوئی بھی حصہ کسی بھی شکل میں بشمول ویب سائٹ پر اپ لوڈنگ کے لیے استعمال نہ کیا جائے۔ نیز اس کتاب پر کسی بھی قسم کے تنازع کو نمٹانے کا اختیار صرف حیدرآباد (تلنگانہ) کی عدلیہ کو ہو گا۔

© تعمیر پبلی کیشنز

کتاب	:	ضحاک (ڈراما)
مترجم	:	اختر شیرانی
ترتیب / تدوین	:	اعجاز عبید
صنف	:	ڈراما
ناشر	:	تعمیر پبلی کیشنز (حیدرآباد، انڈیا)
سالِ اشاعت	:	۲۰۲۵ء
صفحات	:	۲۱۸
سرورق ڈیزائن	:	تعمیر ویب ڈیزائن

فہرس

مُقدمہ 7
افرادِ قصّہ 11
پہلا منظر 13
پہلا نظارہ 13
دُوسرا نظارہ 16
تیسرا نظارہ 21
چوتھا نظارہ 23
پانچواں نظارہ 25

1

چھٹا نظارہ	26
ساتواں نظارہ	32
آٹھواں نظارہ	33
نواں نظارہ	34
دسواں نظارہ	37
گیارھواں نظارہ	40
بارھواں نظارہ	41
تیرھواں نظارہ	43
چودھواں نظارہ	43
پندرھواں نظارہ	44
سولھواں نظارہ	45
سترھواں نظارہ	49
اٹھارھواں نظارہ	50
اُنیسواں نظارہ	50
بیسواں نظارہ	53

اکیسواں نظارہ	57
بائیسواں نظارہ	61
تئیسواں نظارہ	62
دوسرا منظر	**67**
پہلا نظارہ	67
دوسرا نظارہ	72
تیسرا نظارہ	73
چوتھا نظارہ	76
پانچواں نظارہ	80
چھٹا نظارہ	82
ساتواں نظارہ	83
آٹھواں نظارہ	86
نواں نظارہ	88
دسواں نظارہ	94
تیسرا منظر	**98**

پہلا نظارہ	98
دوسرا نظارہ	105
تیسرا نظارہ	106
چوتھا نظارہ	108
پانچواں نظارہ	111
چھٹا نظارہ	117
ساتواں نظارہ	120
آٹھواں نظارہ	123
نواں نظارہ	127
دسواں نظارہ	128
گیارہواں نظارہ	130
چوتھا منظر	132
پہلا نظارہ	132
دُوسرا نظارہ	134
تیسرا نظارہ	136

چوتھا نظارہ	137
پانچواں نظارہ	142
چھٹا نظارہ	142
ساتواں نظارہ	143
آٹھواں نظارہ	148
نواں نظارہ	151
دسواں نظارہ	160
گیارہواں نظارہ	163
بارہواں نظارہ	165
تیرہواں نظارہ	167
چودہواں نظارہ	168
پانچواں منظر	170
پہلا نظارہ	170
دوسرا نظارہ	174
تیسرا نظارہ	177

چوتھا نظارہ	178
پانچواں نظارہ	180
چھٹا نظارہ	182
ساتواں نظارہ	186
آٹھواں نظارہ	187
نواں نظارہ	190
دسواں نظارہ	192
گیارہواں نظارہ	194
بارہواں نظارہ	200
تیرہواں نظارہ	204

مُقدمہ

میں نے اپنی کسی گُذشتہ تالیف میں ظاہر کیا تھا کہ اِتفاقات سے، میری تمام ترنگارشوں کا موضوع، اسلاف کی قومی تاریخ سے متعلق رہا ہے۔ اِس ڈرامے کو اگرچہ تمام و کمال، قومی نہیں کہا جا سکتا تاہم۔ چونکہ اِس کا جزوِ اَساسی، تاریخِ اسلاف و ادبیاتِ اسلامیہ میں مشہور و متواتر رہا ہے اِس لئے اِسے بھی ایک حد تک قومی شمار کیا جا سکتا ہے!

شاید اکثر اصحاب کو، اعتراض ہوگا کہ زیرِ نظر، ڈرامے میں ''ضحاک'' کی جو تصویر کھینچی گئ ہے، وہ شاہنامے، اور دُوسری مشہور و معروف ادبی کتابوں سے، بالکل مطابقت نہیں رکھتی تو میں کیا جواب دُوں گا۔؟

یہ کہ اگرچہ اُستادِ اُدباء، فردوسی کا شاہنامہ، فصاحت و لطافت کے اعتبار سے، تمام تر مشرقی ادبیات پر، برتری کا مستحق ہے، مگر اُس کی تاریخی حیثیت، معتبر و مسلّم نہیں ہے! اور چونکہ شاہنامے کے اکثر وقائع، خالص اساطیری رنگ سے لبریز ہیں اِس لیے اُن میں واقعیت کی جستجو کرنا عبث ہے! چنانچہ ضحاک، کاوہ، اور فریدوں کا افسانہ بھی جو اِس ڈرامے کی ''شمعِ شبستان'' ہے، سر تا سر واقعی نہیں۔! اگر ایک انسان کے شانوں پر، خلافِ فطرت، کسی قدر گوشت بڑھ بھی جائے تو انسانی وجود سے، سانپوں کی رُوئیدگی، اور اُن کی غذا کی احتیاج، کسی طرح قابلِ قبول نہیں ہو سکتی! ''ضحاک'' کے نام کا ''ماری'' کے خطاب کی شرکت سے شہرہ آفاق ہونا اُس مناسبت کی شہادت دیتا ہے، جو اُس کو سانپوں سے تھی! کاوہ کے بچوں کا، سانپوں کی غذا کی خاطر، پکڑا جانا بھی کوئی مستبعد نہیں! مگر ہمیں معلوم کرنا ہے کہ آخر ''ضحاک'' اور سانپوں کی مناسبت، کس نوعیت کی حامل تھی؟

اِس مبحث کو، حقیقت کی روشنی میں عریاں کرنے کے لیے، ہم اُن تاریخوں پر، ذرہ بھر اعتبار نہیں کر سکتے، جن پر اساطیری اور افسانوی رنگ غالب ہے! بلکہ ہمیں کمالِ دلائلِ عقلیہ، اور آثارِ باقیہ، کی رہنمائی کی طرف رجوع ہونا پڑتا ہے!

''ضحاک'' کا اصلی وطن عربستان تھا! یہاں تک کہ اُس کے حسب نسب کا صحرائے افریقہ سے متعلق ہونا بھی ثابت ہے! افریقہ میں آج بھی ایسی قومیں پائی جاتی ہیں جو سانپوں کی پرستش کرتی ہیں! زمانۂ جاہلیت کے عربستان میں بھی اِس قسم کا عقیدہ رکھنے والی قوموں کا وجود، قرین قیاس ہے! ''ضحاک'' خواہ عربستان کا باشندہ ہو! خواہ افریقہ کے صحراؤں کی ''پیداوار''! اُس کی مار پرستی! اور اِس لئے ''مارئ'' کے خطاب کی شُہرت! اور اپنے اِن معبودوں کی قربان گاہ پر بھینٹ چڑھانے کے لئے، انسانی بچوں کی ہلاکت!! اِس نوعیت کے ساتھ، یہ افسانہ، یقینی طور پر ناقابل شُبہ و تردید، ہو جاتا ہے! اور تاریخ کی نظروں میں ''ضحاک'' کے شانوں کو، سانپوں کی غیر فطری تولید، کے بارسے، ہمیشہ نجات مل جاتی ہے ۲! اِس حالت میں کون کہہ سکتا ہے کہ یہ ڈراما تاریخ سے اختلاف رکھتا ہے؟؟

مگر ڈرامے کے وہ افراد! جن کا تاریخ کے صفحات پر کہیں نام نشان تک نظر نہیں آتا؟؟ ضحاک میں اُن کے اضافی دخل کے جواز کا سبب یہ ہے کہ ڈرامے میں جو سراسر اساطیری رنگ سے لبریز ہوتا ہے، اکثر وقائع کی، تشریح و توضیح کی غرض سے، بعض فرضی سیرتوں (کیریکٹر) کا اضافہ، ادبائے مغرب کے موضوعہ و مقررہ قواعد و ضوابط کے منافی نہیں سمجھا جاتا! اب صُورت حال یہ ہے کہ تاریخ ہمارے ڈرامے کی

تکذیب نہیں کر سکتی! حالانکہ ڈراما ایک خیالی اور تصوّری چیز ہوتا ہے! بدیں لحاظ، اگر اِس سلسلہ میں ایک چیز، جو بہت کمزور، اور ناقابلِ اعتنا ہے تاریخ کی، کسی حد تک تکذیب بھی کرتی ہو تو ہم دیکھتے ہیں کہ فنِ ڈراما کو اِس کی پروا نہیں اور ہمارے لئے یہی کافی ہے!!

اِن چند سطور سے، محض اظہارِ حقیقت مقصود ہے! ورنہ میں اپنی ہر ایک تالیف و تصنیف کے ساتھ، مقدمہ وغیرہ لکھنے کا عادی نہیں ہوں!

سامی

۔۔۔۔۔۔

۱۔ افریقہ و عربستان، کے موجودہ اور قدیم حالات کے قطع نظر، ہندوستان اور ایران میں بھی آج ایک کثیر آبادی سانپوں کا احترام مرعی رکھتی ہے!

۲۔ فاضل مصنّف کا یہ نظریہ بہر طور، قابلِ قبول، مطابقِ فطرت اور اِسی لئے مستحقِ داد ہے۔

اخترؔ شیرانی

افرادِ قصہ

ضحاک۔ ایران کا ایک ظالم بادشاہ! جس نے شہنشاہ جمشید کی حکومت کا تخت اُلٹ کر، ایران پر قبضہ جما لیا۔

قحطان۔ ضحاک کا وزیر۔

مہرو۔ جمشید کی لڑکی۔ جسے اِنقلابِ زمانہ نے ضحاک کی خادمہ بنا دیا۔

خوب چہر۔ (ظاہر میں) ضحاک کی لڑکی! جمشید کی دُوسری لڑکی کے بطن سے! (حقیقت میں) جمشید کی پوتی!

پرویز۔ (ظاہر میں) قباد زمیندار کا لڑکا اور ضحاک کا خادم (حقیقت میں) جمشید کا پوتا۔ اور خوب چہر کا عموزاد بھائی۔

فرہاد۔ جمشید کے متعلقین میں سے ایک شخص اور ضحاک کا داروغہ محلّات۔

کاوہ۔ ایک لوہار۔ (جس نے ایران کو ضحاک کے پنجہ سے آزاد کیا)

مہربان۔ کاوہ کی بیوی

بہرام و رستم۔ کاوہ کے لڑکے۔

قباد۔ خسرو۔ نوذر۔ یزد۔ فریبرز۔ شیرویہ۔ کا تکار

موبدوں کا سردار۔ سب سے بڑا موبد۔ مذہبی پیشوا۔

ضحاک کے خادم۔

موبدوں کی جماعت۔ بہت سے مذہبی پیشوا۔

لڑکے اور ایک دیہاتی۔

پہلا منظر

ضحاک کے محل میں، دیوانِ خاص کا نقشہ نظر آ رہا ہے۔ صدر (درمیان) میں ایک تخت بچھا ہے۔ دائیں بائیں طرف دو دریچے جھانک رہے ہیں۔ دیواروں پر سانپوں کی ہیبت ناک تصویریں جھلک رہی ہیں۔ پردہ اُٹھتے ہی فرہاد دربار کی ترتیب میں مشغول نظر آتا ہے۔

پہلا نظارہ

(فرہاد ـــــــ تنہا)۔

فرہاد۔ (دیر تک سوچنے اور تخت پر نظر جمائے رہنے کے بعد) انقلاب! آہ! انقلاب!! ایک دن تھا کہ اِسی تخت پر جمشید بیٹھتا تھا! (دیواروں کی طرف نظر اُٹھا کر) یہ دیواریں

طرح طرح کے گُل بُوٹوں سے جڑی ہوئی تھیں !اِن پر آفتاب کے طلوع و غروب کے نقشے جگمگاتے تھے !ہاں ، یہ صنعت کی حسین گُلکاریوں کا پرستان بن رہی تھیں آج اِن پر ، سانپوں کی ، اُڑن ڈراوَنے سانپوں کی تصویریں نظر آرہی ہیں ، جو اللہ کی مخلوقات میں سب سے زیادہ مُہلک اور مُوذی ہیں (کسی قدر ڈرتی ہوئی نگاہوں سے سانپوں کی طرف دیکھ کر) کیسا مسکین جانور!! میں جتنا اِن کی طرف دیکھتا ہوں ! مجھے وحشت ہوتی ہے ! کاش یہ بلا صرف دیکھنے ہی پر ٹل جاتی ! مگر افسوس ! ہم تو اِن مردود کیڑوں کے آگے سر جھُکانے ، بلکہ سجدہ کرنے پر مجبور ہیں ہم ! ہم !جو کبھی جمشید کے مذہب پر فخر کیا کرتے تھے ! ہم !جو کبھی ایک سراپا نُور بادشاہ کے وسیلہ سے ، اُس پاک خُدا کی پرستش کرتے تھے ، جو تمام کائنات کا خالق ہے ! وہ خُدا ! جو آفتاب کی شکل میں تمام موجودات کو جگمگاتا اور حیوانات اور نباتات کو زندگی بخشتا ہے ! ہم ! جو کبھی ، نوروز کے دن ، جبکہ پھُولوں کی مہک ! اور سبزہ کی لہک ! ہمارے دل و دماغ کو مست کر دیتی تھی ! نہروں کے کنارے اور باغوں کے درمیان ، جمشید کے بتائے ہوئے مذہبی بھجن گاتے تھے ہم ! آج اِن ہیبت ناک کیڑوں کی عبادت کرنے پر مجبور ہیں (پھر سانپوں کی تصویروں کی طرف دیکھ کر) اِن کی پرستش کروں ؟؟؟ نہیں ! کبھی نہیں !! میں اُس خدا کو چھوڑ کر ، جو خالقِ کائنات ہے ! اِن مکروہ کیڑوں کی عبادت نہیں قبول کر سکتا ! آفتاب کے

جگمگاتے ہوئے، نُور سے مُنہ موڑ کر، اِن ہولناک جانوروں کے آگے سر نہیں جھکا سکتا! (کچھ دیر سوچنے کے بعد) مگر آہ! میں تو دُنیا کی نظروں میں، اِن کی عبادت کرنے! اور جمشید پر لعنت بھیجنے پر مجبور ہوں! آخر! مجبور کرنے والی چیز کون سی ہے؟ میرا دل؟ میری زندگی؟ میرا نفع؟ میری آل اولاد؟ نہیں نہیں! میں اِن سب! میں اِن سب کو قربان کر سکتا ہوں! اِن میں سے کوئی بھی میرے ضمیر کو دھوکا نہیں دے سکتا! کوئی بھی مجھے اِن ملعون کیڑوں کی جھوٹی پرستش پر مجبور نہیں کر سکتا! مگر ایک فرض! آہ! ایک فرض! جسے میرے سوا دُنیا میں کوئی انجام نہیں دے سکتا! ایک فرض! جس پر سارے وطن کی سلامتی کا دار و مدار ہے! ایسا فرض! کہ اگر اِس کے راستہ میں میری جان بھی قربان ہو جائے تو بھی کم ہے! یہی فرض ہے جس نے میری غیرت و حمیت کی آگ کو، ٹھنڈا کر رکھا ہے (اپنی ڈاڑھی کے ہاتھ لگا کر) افسوس! میری عُمر اسّی ۸۰ کے قریب پہنچ گئی! اگر آج کل میری آنکھ بند ہو گئی! میں مر گیا! تو کیا ہو گا؟ اِس فرض کا کیا ہو گا؟؟ (کمال خود رفتگی سے دو زانو ہو کر اور دُعا کے لیے ہاتھ اُٹھا کر) او میرے خُدا! او جمشید کے معبود!! میری عمر زیادہ کر دے! اور اِس مقدس فرض کے پورا ہونے تک مجھے زندگی سے محروم نہ کر! (خوش ہو کر) ہاں! ہاں! میں زندہ رہوں گا! زندہ رہوں گا! اور اپنا فرض پورا کروں گا! یہی فرض ہے، جس کے کارن میں نے جمشید کے خاندان

سے بیوفائی کی۔ حالانکہ اُس کا میں نے نمک کھایا ہے! یہی فرض ہے! جس نے مجھے جمشید کا پاک مذہب چھوڑ دینے پر مجبور کر دیا! حالانکہ میں اُس کا نام لیوا ہوں! اِسی فرض کی خاطر! مجھے اِن زہریلے کیڑوں کی بناوٹی پرستش کرنی پڑی، جن سے میں ہزار بار! لاکھ بار نفرت کرتا ہوں! الغرض وہ فرض! جس نے مجھے ایسے ایسے گناہوں کے ارتکاب پر مجبور کیا ہے کیا میں اُسے پُورا نہیں کر سکوں گا؟ نہیں اُس خدا کا اِنصاف، جس کی میرا دل ہمیشہ عبادت کرتا رہا ہے! اِس بات پر کبھی راضی نہ ہو گا! یقیناً میں زندہ رہوں گا! اور اپنا فرض پورا کروں گا!!!

(بائیں طرف کی کھڑکی سے پرویز داخل ہوتا ہے۔ ایک جڑاؤ عصا اُس کے ہاتھ میں ہے)

دُوسرا نظارہ

(فرہاد ـــــ پرویز)

فرہاد۔ (پرویز کو دیکھ کر اپنے آپ) وہی ہے! وہی ہے! کس شان سے آ رہا ہے! جیسے شیر! اللہ تعالیٰ ہر بلا سے محفوظ رکھے! (پرویز سے) بیٹا دیکھنا باری نہ ٹل جائے!

پرویز۔ نہیں ابا جان! باری والے کبھی کے چلے گئے!

فرہاد۔ کیا وہ آپ ہی جاگ اُٹھا؟

پرویز۔ نہیں! ابھی سو رہا ہے!

فرہاد۔ بیٹا! آرام سے تو ہو نا؟ کوئی تکلیف تو نہیں ہے؟؟

پرویز۔ ابا جان! ایک کسان کے، ایک چرواہے کے لڑکے کو، جو شاہی محلوں میں رہے، کیا تکلیف ہو سکتی ہے؟؟ ایک ایسا شخص جو پہاڑوں کے درّوں، اور دیہات کے جھونپڑوں میں، فقر و فاقہ کی حالت میں پل کر بڑا ہوا ہو! اور اُسے ایسی نعمت مل جائے تو وہ کیوں خوش نہ ہو گا۔۔۔۔؟

فرہاد۔ (غمگین ہو کر اپنے آپ) ایک کسان کا! ایک چرواہے کا لڑکا!! ایسا شخص جو فقر و فاقہ کی حالت میں پل کر بڑا ہوا ہو؟ آہ! تقدیر!! تقدیر!!!

پرویز۔ ابا جان! حضور بادشاہ سلامت نے جیسے جیسے احسان مجھ پر کئے ہیں! آپ دیکھتے ہیں!؟

فرہاد۔ (اپنے آپ) غریب لڑکا!!

پرویز۔ کیوں ابا جان؟ کیا میں ان مہربانیوں کے لائق ہوں؟ دیکھئے نا! میں ایک کسان کا لڑکا ہوں! مگر اُس نے مجھے اپنے خاص عصا برداروں میں شامل کیا ہے!

فرہاد۔ (اپنے آپ) آہ! اس بیچارہ کو کیا معلوم؟

پرویز۔ کیا میں سچ نہیں کہتا ابا جان؟؟

فرہاد۔ (زہر خند کرکے) سچ ہے! بیٹا! سچ ہے!! (دوسری طرف منہ کرکے اپنے آنسو پونچھتا ہے اور پھر اپنے آپ) آہ! اس کی زبان سے جو لفظ نکلتا ہے! میرے دل پر تیرو نشتر کا کام کرتا ہے! غریب لڑکا! اتنے آرام کو بھی، اپنی حیثیت سے بڑھ کر جانتا ہے!!! اس غریب کو کیا خبر کہ

پرویز۔ ابا جان! میں نے ایک بات بہت سوچی! مگر آپ سے کبھی نہ پوچھ سکا!

فرہاد۔ وہ کیا بات ہے بیٹا؟

پرویز۔ جب ہر روز مجھے دیکھنے آتے تھے نا؟

فرہاد۔ (گھبرا کر اپنے آپ) الٰہی تیری پناہ!!

پرویز۔ جب میں چھوٹا سا، بہت چھوٹا سا تھا! آپ ہر روز آتے تھے! میں اُس وقت آپ سے ابا جان سے زیادہ محبت کرتا تھا!

فرہاد۔ (بے چین ہوکر) آہ بیٹا! تم یہ کیسی باتیں کیا پوچھنا چاہتے ہو؟

پرویز۔ میں پوچھتا ہوں ابا جان! آپ نے اُس وقت اور اُس کے بعد مجھے کیوں نہ بتلایا کہ آپ یہاں رہتے ہیں! مجھے اگر معلوم ہوتا تو اُسی وقت آپ کے پاس چلا آتا!

فرہاد۔ (حواس باختہ ہوکر) چونکہ کچھ مناسب نن۔۔۔ نہیں تھا بس!

پرویز۔ ہائیں آپ کو کیا ہوا؟ الٰہی خیر! آپ گھبرا کیوں گئے؟

فرہاد۔ کچھ بیٹا! کچھ نہیں! میں اچھا ہوں مگر دیکھنا! میرے وہاں آنے جانے اور لوگوں سے ملنے جُلنے کا حال، کسی سے کہنا نہیں! یہ بات چھُپانے کی ہے! سمجھے؟؟

پرویز۔ بہت اچھّا! ابّا جان! مگر یہ کیوں؟

فرہاد۔ کچھ نہیں! کوئی خاص بات نہیں! یونہی میں چاہتا ہوں! کسی کو خبر نہ ہو! سُنا!؟

پرویز۔ بہت اچھّا!

فرہاد۔ قسم کھاؤ! بس مجھے اطمینان ہو جائے گا! کسی سے کہو گے تو نہیں؟ ہے نا!!

پرویز۔ بہت بہتر! نہیں کہوں گا! مگر جتنا آپ اصرار کرتے ہیں! میری پریشانی بڑھتی جاتی ہے! آخر اِس کے چھُپانے کا سبب؟؟

فرہاد۔ کچھ نہیں! مگر میں نہیں چاہتا! میں نہیں چاہتا، لاؤ! اپنا ہاتھ! (اپنے آپ) یہ اِسے کہاں سے سوجھی؟ مجھے ڈر ہے، کہیں میرا بھید نہ کھل جائے!

پرویز۔ (اپنے آپ) کس قدر بے چین ہو گئے! اِس میں کچھ بھید ہے شاید!

فرہاد۔ نہیں کہو گے نا؟

پرویز۔ اطمینان رکھیے! ابّا جان! میں کسی سے ذکر نہیں کروں گا مگر یہ بھید؟!

فرہاد۔ قسم کھاؤ! قسم کھاؤ!!

پرویز۔ آفتاب کے اُس نور کی قسم! جو روزانہ علی الصبح، ساری دُنیا کو اپنی روشنی سے منور کر دیتا ہے! ہمیں اندھیرے کے پنجے سے چھڑاتا ہے! برف کے ٹیلوں اور یخ کے پہاڑوں کو پگھلاتا اور درختوں میں میوے پیدا کرتا ہے! جمشید کی جان کی قسم! نہیں کہوں گا!!

فرہاد : (یکایک خوش ہو کر اپنے آپ) الٰہی! تیرا شُکر! ابھی جمشید کے مذہب پر قائم ہے!(کسی قدر چوکنّا ہو کر) مگر ایسی قسم کھاتے ہوئے کسی نے سُن نہ لیا ہو! کہیں! اِس کے جمشید کا مذہب نہ چھوڑنے کا حال ضحاک کے کانوں تک نہ پہنچ جائے! (اوپری دل سے) بیٹا! خدا تمہیں سلامت رکھے! اب کبھی ایسی قسم نہ کھانا! (پرویز نادم ہو کر اپنی اُنگلی دانتوں میں داب لیتا ہے) دیکھنا! آئندہ اِن ”مقدس سانپوں“ کی قسم کھانی چاہیے!

پرویز : میں بھُولا! ابا جان!!

فرہاد : (اپنے آپ) کُچھ شک نہیں کہ ابھی دل میں ہمارا ہی عقیدہ ہے! الٰہی! تیرا شُکر ہے! (جانا چاہیے اب تو) بیٹا! تم یہاں سے کہیں نہ جانا! جب وہ جاگے گا تو شاید تمہیں بُلائے گا!!

پرویز۔ کہیں نہیں جانے کا ابا جان! میں کہیں نہیں جانے کا!
(فرہاد، دائیں طرف کے دریچے سے باہر جاتا ہے)

تیسرا نظارہ

(پرویز ـــــــــ تنہا)

پرویز۔ (اِدھر اُدھر ٹہلتے ہوئے اپنے آپ) آہا! کیسا نصیب! کیسی نعمت! کیسی زندگی!! اگر میں اپنی ساری عمر کے دنوں کا، آج کے دن سے موازنہ کروں تو کس قدر فرق نکلے گا؟ جب میں یہاں نہیں آیا تھا! کیا حالت تھی؟ گھاس پھُوس کے فرش پر سونا نصیب ہوتا تھا! آج ایسے محلوں میں زندگی بسر کر رہا ہوں! جنہیں میں نے کبھی خواب میں بھی نہیں دیکھا تھا! پہننے کو، پھٹے پُرانے، اور میلے کچیلے چیتھڑے ملتے تھے! اور جب وہ بارش میں بھیگ جاتے تھے تو میں اُنہی کو سُکھا کر پھر پہن لیتا تھا! آج وہ دن ہے کہ ریشمی لباس میں رہتا ہوں! پہلے جب میں گاؤں میں تھا! ایک لکڑی میرے ہاتھ میں ہوتی تھی اور میں بکریاں چراتا پھرتا تھا! آج یہ جڑاؤ عصا میرے ہاتھ میں ہے! اور میں شاہی مصاحب بن کر اِتراتا ہوں! کیسی نعمت! کیسا نصیب!! مگر جب کبھی مجھے خیال آتا

ہے۔ میرا دل کانپ جاتا ہے، افسوس کیا وہ زندگی جو، اُسے دیکھے بغیر بسر ہو، زندگی ہے۔ کیا وہ عمر جو اُس کے بغیر گذرے، عمر کہلائی جا سکتی ہے اگر وہ میرے پاس ہو تو ایک مرتبہ اُس کی صورت دیکھ لینا! ہزار سال کی زندگی سے بہتر ہے! مگر میں نہیں جانتا کیا بات ہے؟ مجھے ہر وقت، اُس کا نام کیوں یاد آتا ہے؟؟ میں اُس کی آواز، آواز سنتا ہوں! سنتا ہوں! اور سنتا رہتا ہوں!

مجھے ہر لحظہ اُس کی رس بھری آواز آتی ہے!

جو میرے دل کی گہرائی میں جا کر ڈوب جاتی ہے!

میرا دل دھڑکنے لگتا ہے! میں اپنے آپ کو بالکل بھول جاتا ہوں! میرے جسم پر کپکپی سی چڑھ جاتی ہے! محبت کرتا ہوں! شاید! میں محبت کرتا ہوں!! مگر میں کیوں محبت کرتا ہوں؟ کس غرض سے محبت کرتا ہوں؟ میں نے جب اُسے پہلی مرتبہ دیکھا! کچھ زیادہ دن نہیں گزرے! جب سے اب تک اُس نے مجھ سے کوئی بات نہیں کی ہے! مجھے بھی اُس سے کچھ کہنے کی جرأت نہیں ہوئی! آخر! یہ محبت اور کشش کاہے سے پیدا ہوئی ہے؟ اب تو میرا دل اُسے اِنسان کہنے پر راضی نہیں ہوتا! میری نظروں میں وہ فرشتہ معلوم ہوتی ہے! اُس کی موہنی صورت، آفتاب کی طرح، آنکھوں میں چکا چوند پیدا کر دیتی ہے! جب کبھی میں چاہتا ہوں کہ اُس کی طرف نظر بھر کے دیکھوں! اُس کی

حُسن کی کرنیں پردہ بن جاتی ہیں! اور مجھ سے کچھ نہیں دیکھا جاتا! جب وہ زمین پر پاؤں رکھتی ہے تو میں حیران ہو کر کہتا ہوں کہ کیا وہ بھی زمین پر پاؤں رکھ سکتی ہے! زمین کے اس حصہ کی شرافت کس قدر بڑھ گئی ہے؟ مجھے رشک آتا ہے!! جن زمینوں پر وہ اُٹھتی بیٹھتی، اور چلتی پھرتی ہے، وہ سب میرے نزدیک مقدس ہیں! یہ عمارت اُس کی بدولت ہاں، صرف اُس کی بدولت، میری نظروں میں بہشت سے بھی بڑھ کر ہے!! اب میرے لیے یہاں سے چلا جانا آہ! اس جگہ سے جُدا ہو جانا، موت سے بدتر ہے! اگر میں یہاں سے چلا گیا تو میرے اللہ! میں کیوں کر زندہ رہ سکوں گا؟؟ (پاؤں کی آہٹ سنائی دیتی ہے) کوئی آرہا ہے! کون ہے؟!

(مہرو بائیں طرف کے دریچہ سے داخل ہوتی ہے)

چوتھا نظارہ

(پرویز ــــــــ مہرو)

مہرو۔ (کچھ دیر خاموشی سے پرویز کے چہرہ کی طرف دیکھنے کے بعد ایک طرف آ کر اپنے آپ) آہ! اگر آج میرا لڑکا! زندہ ہوتا تو وہ بھی ایسا ہی ہوتا! اُس وقت کو، ١٦

سال ہونے آئے! جب وہ دو ۲ سال کا تھا! آج کوئی اٹھارہ سال کا ہوتا! (پرویز سے) کیوں بیٹا! تمہاری کیا عمر ہوگی بھلا!؟

پرویز۔ اٹھارہ سال!

مہرو۔ (اپنے آپ) آہ! بالکل میرے لڑکے کی عمر!! میں نصیبوں جلی آج کو ایک ایسے ہی لڑکے کی ماں ہوتی! آہ میں اپنے باپ سے محروم ہو گئی! اپنے شوہر سے محروم ہو گئی! اپنے نصیبوں سے محروم ہو گئی! میں اپنے باپ اور شوہر کے قاتلوں کے ہاتھوں میں گرفتار ہو گئی! اللہ! کیسی کیسی مصیبتیں جھیلیں! کیا کیا تکلیفیں سہیں! مگر سب کو بھُلا چکی! مجھے کسی بات کا رنج نہیں! فقط اپنی اولاد کا صدمہ ہے! ہائے! میرا ہیرے موتی، سا لڑکا! کون جانے اُس پر کیا بیتی؟ خدا نا کردہ، کہیں دُشمنوں نے اُسے قتل تو نہیں کر دیا نہیں! آہ نہیں! مگر شاید وہ بیچ میں رہ گیا تھا! کہیں اُس ہنگامہ میں، گھوڑوں کے پیروں تلے نہ آ گیا ہو؟ کسی نے اُسے گرفتار نہ کر لیا ہو؟ آہ! کیا وہ وحشی عربوں اور شوریوں کے پنجہ میں تو نہیں پھنس گیا! اُف! ضحاک کے بے رحم! ظالم آدمیوں کے ہاتھوں میں! الٰہی! کسی نے پہچان لیا تو کیا ہو گا؟ آہ! میری آنکھوں کے سامنے اُس کا سر قلم! میں نہیں جانتی وہ زندہ ہے یا قتل ہو چکا؟ میری ظاہری آنکھیں اُسے نہیں دیکھ سکتیں! کاش کہ میں اُس کو ایک دفعہ دیکھ لوں! پھر جو ہونا ہو، ہو جائے!

ہاں! ہو جائے! ایک دفعہ دیکھنے کے بعد، چاہے میری آنکھوں کے آگے ہی اُس کا سر قلم کرلیں! میں راضی ہوں! آہ میرا لڑکا! میرا پیارا لڑکا!!

(آنکھوں پر رومال رکھ کر رونے لگتی ہے)

پرویز۔ (دور سے مہرو کی طرف حیرت سے دیکھتے ہوئے اپنے آپ) کیسی عجیب بات ہے! یہ عورت ہمیشہ اِسی طرح رنجیدہ اور غمگین رہتی ہے! (غور سے دیکھ کر) رو رہی ہے! آہ! وہ تو رو رہی ہے! عجیب بات ہے! میں تو اِس جگہ ہر شخص کو خوش و خُرم خیال کرتا تھا! اَب معلوم ہوا کہ دُنیا میں کوئی جگہ ایسی نہیں جہاں رنج و غم نہ بستے ہوں!

(دائیں طرف سے دریچہ سے فرہاد داخل ہوتا ہے)

پانچواں نظارہ

(گذشتہ افراد ــــــ فرہاد)

پرویز۔ (فرہاد کے پاس جا کر آہستہ) ابّا! ابّا! دیکھئے تو وہ اِس عورت کو کیا تکلیف ہے؟ یہ ہمیشہ اِسی طرح غمگین رہتی ہے! صبح سے اب تک برابر رو رہی ہے! میں جب اِسے

روتا دیکھتا ہوں، میرے دل پر چوٹ سی لگتی ہے! مگر ابّا جان! میں اِس کے پاس جانے اور تسلّی دینے کی جرات نہیں کر سکتا۔ آپ اس غریب کو تسلّی دیجئے!

فرہاد۔ اچھّا! تم اندر جاؤ! (اپنے آپ) غریب لڑکا! اگر اُس کی تکلیف جان لے! اگر اُس کا بھید سُن لے! آہ! تقدیر! تقدیر کیا چاہتی ہے؟

پرویز۔ (جاتے ہوئے اپنے آپ) خدا جانے کیا بات ہے کہ میرے دل میں اِس عورت کی محبت پیدا ہوگئی ہے! اتنی محبت جتنی مجھے اپنی ماں سے ہوتی! شاید اِس لئے کہ مجھے خوب چہر سے محبت ہے! یا کوئی اور وجہ ہوگی! جب میں اِسے رنج و غم کی حالت میں دیکھتا ہوں تو میرا دل پاش پاش ہوجاتا ہے!!

(آنسو پونچھتا ہوا چلا جاتا ہے)

چھٹا نظارہ

(فرہاد ـــــ فرہاد)

فرہاد۔ (مہرو کے پاس جا کر غمگین نگاہوں سے دیکھ کر اپنے آپ) آہ! میرا دل بے چین ہے! غریب عورت! آج اٹھارہ سال سے رات دن آنسو بہا رہی ہے! اور مجھے

وہ راز معلوم ہے جو اِسے اِس عذاب سے نجات دلا سکتا ہے! مگر کیا کروں؟ میں اُس کے چھُپانے پر مجبور ہوں! بے شک! اِس بد نصیب کی خوشی اور خوش نصیبی کا سامان میرے ہاتھ میں ہے مگر ابھی وقت نہیں آیا کہ میں اِس راز کو فاش کر دوں! اگر فاش کر دوں! تو یقیناً یہ ایک دو لمحہ کے لئے خوش ہو سکتی ہے! مگر یہ خوشی وقتی، عارضی چیز ہو گی! اِس کے بعد مایوسی کے سوا کچھ نہیں! ہاں! اِن ایک دو لمحوں کے بعد، اِس عورت کے لئے! تمام وطن کیلئے، تمام ملک کے لئے، مایوسی کے سوا کچھ نہیں! نہیں! نہیں! میں اِس راز کی، اپنی جان کے برابر حفاظت کروں گا! کچھ شک نہیں کہ اِس کے آنسو جو اٹھارہ سال سے بہہ رہے ہیں! پتھر میں بھی سُوراخ کر سکتے تھے! لیکن میرا دل پتھر سے زیادہ سخت رہا ہے! اور ایسا ہی ہونا چاہیے تھا! آہ! کس قدر تکلیف کا سامنا ہے! (مہرو سے بلند آواز میں) دیکھو! دیکھو! خدارا! تم یہ کیا کر رہی ہو؟ کیا اپنے آپ کو ہلاک کر لو گی؟

مہرو۔ (سر اونچا کر کے آنسو پونچھتے ہوئے) کون؟ فرہاد!! آہ! فرہاد! مجھے رونے سے منع مت کرو! آنسوؤں کے سوا مجھے کسی چیز سے تسکین نہیں ہوتی!

فرہاد۔ اٹھارہ سال! غضب خدا کا، اٹھارہ سال سے آنسو بہا رہی ہو! کیا یہ کافی نہیں!

مہرو۔ نہیں! یہ کافی نہیں! میں روؤں گی جب تک کہ موت نہ آجائے گی! برابر روؤں گی! اوراسی طرح روتی رہوں گی

رات دن رویا کیۓ! شام وسحر رویا کیۓ!
کچھ نہ روئے آہ! گرہم عمر بھر رویا کیۓ!

فرہاد۔ اِس طرح تم اپنے آپ کو ہلاک کر لوگی! خدا نہ کرے! تم زندہ رہو گی! تمہیں زندہ رہنا چاہیئے!

مہرو۔ بے شک! میں زندہ رہوں گی! میں زندہ رہوں گی! صرف اِس لئے زندہ رہوں گی کہ ایک دن اپنے لختِ جگر کا دیدار دیکھوں گی! ہاں! میں بھی ظاہری آنکھوں سے اپنے لڑکے کو دیکھوں گی! آہ اگر کوئی کہہ دے کہ اب سے بیس سال بعد بھی میں اُس کو دیکھ سکوں گی تو میں اس پر بھی راضی ہوں! ہاں! مجھے اِس سے بھی تسلّی ہو جائے گی! مگر صرف مایوسی!! کاش کہ میں پوری پوری مایوس ہی ہوتی! مایوسی بھی ایک قسم کی تسلّی ہے! مگر ہائے! یاس و اُمید کی بھول بھلیاں! ہائے! میں اپنے لختِ جگر کی زندگی اور موت کا حال نہیں جانتی! اگر زندہ ہے تو کسے معلوم؟ کہاں ہے؟ اگر مر گیا ہے! تو خدا جانے کس طرح مرا ہوگا؟

(رونے لگتی ہے)

فرہاد۔ (متاثر ہو کر اپنے آپ) آہ! بیچاری! دُکھیاری! آہ! میں برداشت نہیں کر سکتا! میں ڈرتا ہوں! کہیں کسی دن بے اختیاری میں میری زبان سے کوئی لفظ نہ نکل جائے! (مہرو کو روتا دیکھ کر) آہ! مظلوم عورت! (اپنے آنسو پونچھتا ہے)

مہرو۔ (سر اُٹھا کر فرہاد کو روتے دیکھ کر) کیا؟ کیا؟ تم بھی رو رہے ہو؟ تم بھی متاثر ہو رہے ہو؟؟

فرہاد۔ رونا اچھا ہے! مگر رونے سے اِس درد کا علاج نہیں ہو سکتا! یہ درد لاعلاج ہے!!

مہرو۔ کیوں؟ لاعلاج کیوں ہے؟ اِس کا علاج ضرور ہو گا! فرہاد! میں اُس کی موت کی خبر برداشت کر سکتی ہوں! میں اُس کی ہڈیوں کو! اُس کی مٹّی کو! اُس کی قبر کو

(رونے لگتی ہے)

فرہاد۔ (اپنے آپ) آہ! تقدیر! کیا کسی دن اِس راز کو کھولنے کی اجازت نہ دے گی؟؟

مہرو۔ فرہاد! تمہیں معلوم ہے کہ ہمارے خاندان میں، تمہارے سوا کوئی نہیں بچا ہے! آہ! تمہارے سوا کوئی نہیں! جس کے آگے میں اپنا دُکھڑا رووٗں! (فرہاد یہ خیال کر کے کہ کہیں کوئی یہ باتیں سُن نہ رہا ہو، اِدھر اُدھر دیکھتا ہے) میرے لڑکے کا حال تمہیں ضرور معلوم ہے! بس میں اُس کے متعلق صرف اِک، آخری خبر چاہتی ہوں! وہ زندہ ہے یا مر گیا ہے؟ کیا ہو گا؟ اگر تم بتلا دو گے تو کیا ہو گا؟

فرہاد۔ میں پھر کہتا ہوں کہ وہ زندہ نہیں ہے!

مہرو۔ (آنکھوں پہ ہاتھ رکھ کر روتے ہوئے) ہائے! میرا لڑکا!!

فرہاد۔ (اپنے آپ) آہ! کتنا دردناک منظر ہے! خدا نہ کرے اِس عورت کا خون میری گردن پر ہو!

مہرو۔ (فرہاد کا سر اونچا کر کے) نہیں! نہیں! میں یقین نہیں کروں گی! میرا لڑکا مرا نہیں ہے! تم مجھے چُپ کرانے کو جھوٹ بول رہے ہو! فرہاد! ساری دُنیا کہتی ہے کہ تم نے جمشید کے خاندان سے نمک حرامی کی اور ضحاک کا ساتھ دیا! تم نے جمشید کا پاک مذہب چھوڑ دیا اور دلی لگاؤ سے اِن ہولناک کیڑوں کی پرستش شروع کر دی! تمہارے متعلق برسوں سے لوگوں کا یہی خیال تھا! مگر مجھے یقین نہیں آتا تھا! اور میں تمہیں بدستور اپنے والد کی جگہ خیال کرتی تھی! لیکن اب چُپکے چُپکے، تمہارے خیالات اِس طرح بدلتے رہتے ہیں کہ میں اُنہی لوگوں کو حق بجانب سمجھتی ہوں، کچھ شک نہیں کہ تم نے ہمیں چھوڑ دیا اور تہِ دل سے ضحاک کی رفاقت اختیار کر لی! آہ! آج اٹھارہ سال! ہونے آئے! میں رات دن اپنے لختِ جگر کی یاد میں آنسو بہاتی رہی ہوں! مگر تمہارے پتھر دل پر ذرہ بھر اثر نہ ہوا، اور تم نے اُس کی خیر خبر معلوم کرنے کے لیے مطلق کوشش نہ کی! میں جانتی ہوں کہ اگر تم چاہتے تو اِس معاملہ میں ضرور کچھ نہ کچھ معلوم کر

سکتے تھے! (فرہاد! اِدھر اُدھر دیکھتا ہے کہ کوئی آتا نہ ہو) دیکھو! دیکھو! ہاں اچھی طرح دیکھو! کہیں تمہارے یہ مقدس معبود! تمہیں مجھ سے باتیں کرتے نہ دیکھ لیں! آہ! میں اب سمجھی! اِس دُنیا میں صداقت محض ایک خیالی چیز ہے! اور زمانہ کو صرف دولت اور اقبال ہی عزیز ہے!! خیر! خدا مالک ہے!

(ایک طرف جانے لگتی ہے)

فرہاد۔ (اپنے آپ) چلو! یہ بھی اچھا ہوا، اِس کے اِس طرح فکر مند ہونے سے میرا مقصد پورا ہو گا! آج وہ مجھے نمک حرام! غدار! اور خدا جانے کیا کچھ سمجھ رہی ہے! مگر ایک دن اُس کو معلوم ہو جائے گا کہ میں کس قسم کا آدمی ہوں! ہاں! وقت آنے پر سارا حال کھل جائے گا! وقت ہر ایک چیز کی تصحیح کر لے گا! اگر قسمت نے مدد کی تو میں ایک دن اُس کو اچھی طرح بتلا سکوں گا کہ میں کیسا آدمی ہوں؟ اب وہ مجھ سے بد گمان ہے! مگر اُس کی بد گمانی سے کوئی نقصان نہیں!

(پرویز آجاتا ہے)

ساتواں نظارہ

(پچھلے افراد ــــــ پرویز)

پرویز۔ (فرہاد سے) حضور سو اُٹھے ہیں! آپ کو یاد فرماتے ہیں!

فرہاد۔ بہت اچھّا!

(بائیں طرف سے چلا جاتا ہے)

مہرو۔ (اپنے آپ) کس تیزی سے جا رہا ہے! میرے صبر و اختیار کو کچل کر جا رہا ہے! اللہ! تیری خُدائی میں وفا بھی کوئی چیز تھی؟!

پرویز۔ (اپنے آپ) ہائیں! پھر رو رہی ہے! تعجب! تعجب! آخر اِس عورت کو کیا تکلیف ہے؟

(بائیں طرف سے خوب چہر گھبرائی ہوئی داخل ہوتی ہے)

آٹھواں نظارہ

(مہرو۔۔۔۔۔پرویز۔۔۔۔۔خوب چہر)

خوب چہر۔ (مہرو کے پاس آ کر) ہائے! امی جان! (پرویز) کو دیکھ کر ٹھٹھک کر رہ جاتی ہے)

مہرو۔ (خوب چہر کے کندھے پہ ہاتھ رکھ کر) کیا ہوا؟ بیٹی! کیا ہوا؟

خوب چہر۔ (شرم کے مارے اپنی آنکھیں ملتے ہوئے اپنے آپ) الٰہی خیر!!

پرویز۔ (اپنے آپ) آہ! ایک فرشتہ ہے کہ آسمان سے اُتر آیا ہے! مگر کیا ہوا؟ اپنے باپ کے پاس سے آ رہی ہے! تعجب ہے!!

مہرو۔ (خوب چہر کا ہاتھ اپنے ہاتھ میں لے کر پیار سے) کیا ہے؟ بیٹا! کیا بات ہے؟

خوب چہر۔ (مہرو سے لپٹ کر) آہ! امی جان! کیسا بھیانک سماں!! جیسے کوئی بھوت لپٹ گیا ہو! اس قدر دہشتناک انداز میں گھبرا کر اُٹھ بیٹھا کہ تمام مسہری لرز رہی تھی! میں نہیں جانتی کیا بات تھی! جب میں نے اُس کی چیخ کی آواز سنی تو میں بھاگ کر کمرہ میں

پہنچی۔ اس نے مجھ سے ایسے ڈراؤنے لہجے میں بات کی کہ میرا رواں رواں کانپ اُٹھا! اُف! اب تک کانپ رہا ہے!

مہرو۔ ڈرو! مت! بیٹی! تمہارا باپ ہے!

پرویز۔ (اپنے آپ) کیا کہہ رہی ہے؟ اس کی دہشت کیا تھی؟ یہ ضرور کچھ اور بات کہنا چاہتی تھی! مگر مجھے دیکھ کر رُک گئی! آہ! اب بہت کم نظر آیا کرے گی! مجھے جانا چاہیئے! (خوب چہر کی طرف دیکھتا ہوا جاتا ہے) کیسی مغموم حسینہ!! کیسی رنجیدہ نازنین!!
(بائیں طرف سے چلا جاتا ہے)

نواں نظارہ

(مہرو ـــــ خوب چہر)

خوب چہر۔ پرویز کو جاتا دیکھ کر) آہ! امّی جان! میں ایک بادشاہ کی لڑکی ہو کر، ایک فقیر کی!! ایک بھکاری کی لڑکی پر رشک کرتی ہوں! ہاں! اس لئے کہ اولاد کے لئے، ماں باپ کی پیار بھری نظروں سے بڑھ کر کوئی نعمت نہیں ہوتی! ایک فقیر کی لڑکی بھوکی ہوتی

ہے! تکلیف اُٹھاتی ہے! غریب سارے سارے دن کام کرتی ہے! اور تھک کر چُور ہو جاتی ہے! مگر رات کو، جب اُس کے ماں باپ! اُس کو پیار کرتے ہیں! اُس کی پیشانی چومتے ہیں! تو وہ اپنی دن بھر کی مصیبت بھول جاتی ہے! آہ! وہ کیسی خوش نصیب ہے!! اِک میں ہوں کہ بادشاہ کی لڑکی کہلاتی ہوں! ساری دُنیا مجھ پر رشک کرتی ہے! مگر اِس نعمت سے محروم ہوں! (رونے لگتی ہے) مجھے تقدیر نے ماں کی محبت سے محروم کردیا! باپ سے اُمید تھی! اُس کی یہ حالت ہے کہ پیار کرنا تو درکنار! کبھی پیار سے بات بھی نہ کی! کبھی شفقت کی نظر سے بھی نہ دیکھا! خدا جانے میں نے ایسا کون سا گناہ کیا ہے؟ آہ! میری! بد نصیبی! امی جان! ایک لمحہ پہلے آپ وہاں ہوتیں تو دیکھتیں کہ کس چیز نے مجھے کمرہ سے باہر باہر کردیا تھا؟ (روتی ہے)

مہرو۔ (خوب چہر کے آنسو پونچھتے ہوئے) صبر کرو! بیٹی! صبر کرو! ظالم کے ظلم میں صرف تم ہی گرفتار نہیں ہو!!

خوب چہر۔ نہیں!! امی جان! مجھ سے زیادہ مظلوم کون ہوگا؟ آہ! میں تو باپ کی محبت سے بھی محروم ہوں!

مہرو۔ (اپنے آپ) غریب لڑکی! اگر اصل بھید جانتی تو ایسی باتیں نہ کرتی!

خوب چہر۔ کیا میں اُس کی بیٹی نہیں ہوں؟ امی جان!

مہرو۔ بیٹا! ظالم کے کوئی بیٹی نہیں! عزیز بھی نہیں! دوست بھی نہیں! کوئی بھی نہیں! ہاں قیدی ہیں! مظلوم ہیں! زخمی ہیں! مقتول ہیں! ظالم کا ظلم سہنا! اور منہ سے اُف نہ کہنا! بڑی فضیلت ہے! شکایت نہ کرو! بیٹی! صبر کرو! صبر!!

خوب چہر۔ امی جان! میری عمر کی لڑکی پیار اور شفقت کی محتاج ہو جاتی ہے! ہائے! ذرا سوچیے تو! جب میرا باپ ہی مجھ سے محبت نہیں کریگا تو اور کون کرے گا؟

مہرو۔ بیٹی! تم جانتی ہو کہ تمہاری ماں میری بہن کے برابر تھی! بیچاری نے مرتے وقت تمہیں میرے سپرد کیا تھا! میں تم سے اپنی بیٹی کی طرح محبت کرتی ہوں! اپنی اولاد کی جگہ سمجھتی ہوں! تم بھی مجھ کو اپنی ماں سمجھو! یوں سمجھو کہ میں ہی تمہاری ماں ہوں! اگر تم پیار محبت کی بھوکی تھیں! میں تم سے اُس درجہ پیار محبت کرتی رہی ہوں کہ کسی ماں نے شاید ہی اپنی اولاد سے کیا ہوگا! میری بیٹی! تم ماں کی محبت سے محروم نہیں ہو! اِدھر دیکھو! تمہاری ماں موجود ہے!

خوب چہر۔ (بے اختیار ہو کر مہرو سے لپٹ جاتی ہے) بے شک! بے شک! آپ میری ماں کے برابر ہیں! جو شفقت کہ آپ ہمیشہ سے مجھ پر کرتی رہیں! اُسے میں کبھی نہیں بھول سکتی!

مہرو۔ (متاثر ہو کر) آہ! بیٹی! جس طرح تم پیار محبت کی محتاج ہو! اُسی طرح میں بھی ہوں! پہلے میں تمہاری جگہ ایک بیٹے کی! آہ! ایک خوبصورت بیٹے کی ماں تھی! مگر ہائے! تقدیر پھوٹ گئی! میرا چاند سا لڑکا مجھ سے جُدا کر لیا گیا! خیر! اب میں اُس کی جگہ تمہی کو اپنا بیٹا سمجھوں گی! سمجھتی ہوں!!

(خوب چہر کو بغل میں لے کر روتی ہے)

خوب چہر۔ آہ! تو آپ مجھ سے زیادہ بد نصیب ہیں!

مہرو۔ ظالم کا ظلم کس کا کلیجہ ٹھنڈا کر سکتا ہے؟ آؤ! میری بیٹی! اندر چلیں!

(بائیں طرف سے جانے لگتی ہے)

خوب چہر۔ آئی! امی جان! ابھی آئی! آپ چلیے!

(مہرو چلی جاتی ہے۔ خوب چہر کھڑکی کے پاس پہنچ کر رُک جاتی ہے)

دسواں نظارہ

(خوب چہر ـــــــ تنہا)

خوب چہر۔ ہائے اللہ! مجھے یہ کیا ہو گیا؟ کچھ دنوں سے میرے دل میں ایک عجیب سا جذبہ پیدا ہو گیا ہے!! اس طرح کہ ذرا کسی نے کوئی وحشتناک بات کہی اور میری آنکھوں

سے ٹپ ٹپ، آنسو نکل پڑے! میرے اللہ! یہ کیسی خلش ہے! جو اُس نے میرے سینہ میں پیدا کر دی ہے! ہائے! کیا میں اُس سے محبت کرتی ہوں؟ افسوس! یہ محبت ناگن بن کر میرے دماغ کو ڈس لے گی! جلّاد بن کر میرا خون بہا دے گی! اگر کبھی اُس کو معلوم ہو گیا کہ میں ایک غلام کو دل دے بیٹھی ہوں تو کس کو شبہ ہو سکتا ہے کہ وہ ایک لمحہ کی بھی مُہلت نہ دے گا اور مجھے جلّادوں کی خونخوار تلواروں کی بھینٹ نہ چڑھا دے گا؟ آہ! یہ محبت! چھپانے کی! دل میں رکھنے کی چیز ہے! کسی کو معلوم نہ ہونی چاہیے! مگر افسوس! میں اِسے چھپا نہیں سکتی! وہ میری صورت سے! میری آنکھوں سے چھلکی پڑتی ہے! میں اُسے ہر وقت اپنے سامنے پاتی ہوں! اور اِس طرح! کہ اپنے آپ کو بالکل بھول جاتی ہوں!

عشق کہتے ہیں جسے وہ یہی ہو گا شاید!

خود بخود دل میں ہے اک شخص سمایا جاتا!! (اکبرؔ)

میرے جسم میں کپکپی پیدا ہو جاتی ہے! میری آواز میرے حلق میں آ کے رُک جاتی ہے! میری گویائی زخمی ہو جاتی ہے! آہ! نہیں! نہیں! مجھے اُس کو بھلا دینا چاہیے! اُس کی محبت کو دل سے مٹا دینا چاہیے! ایک بادشاہ کی لڑکی ایک غلام کو پانے کی کیا اُمید کر سکتی ہے؟ آہ! میں ضحاک کی لڑکی! وہ غریب ایک چرواہے کا لڑکا! میرے باپ کا ادنیٰ

غلام! آہ! میں یہ کیا کہہ رہی ہوں؟ کیا میں اُس سے بہتر حیثیت رکھتی ہوں؟ کیا وہ مجھ سے کمتر درجہ رکھتا ہے؟ وہ! نہیں! نہیں! وہ ایک فرشتہ ہے! ایک مقدس فرشتہ! اور میں!۔۔ میں صرف ایک ظالم و جابر انسان کی لڑکی ہوں! آہ! وہ تو ایک دیوتا ہے! ایک دیوتا! جسے میں پوجے بغیر نہیں رہ سکتی! میں اُس سے کیوں کوئی اُمید نہ رکھوں؟ کیا اِس دنیا میں کوئی ہے؟ جو اُس پر کوئی فوقیت رکھتا ہو؟ آہ! کیا یہ دُنیا اُس کا کوئی ثانی پیدا کر سکتی ہے؟ کیا میں اُس کی محبت کے قابل ہوں؟ افسوس میں کیا کہہ رہی ہوں؟ یہ باتیں! میرا دل کہہ رہا ہے! مگر میرا باپ! میرا باپ کس فکر میں ہوگا؟ کس طرح؟ میرے باپ کی نظروں میں وہ ذرا بھی وقعت نہیں رکھتا! یہ کیا بات ہے؟ میں نہیں سمجھ سکتی! بعض لوگ جو اپنے دل میں کسی نہ کسی قسم کا حُسن رکھتے ہیں! اکثر لوگوں کے نزدیک حقیر اور ذلیل ہوتے ہیں! اور بعض آدمی جو قدرت کے ہر ایک حُسن سے محروم ہوتے ہیں نہایت معزز سمجھے جاتے ہیں! کل کلاں کو اگر میرے باپ نے اگر کچھ حکم دے دیا تو میں کیا کروں گی؟ میں اُسے کیونکر چھوڑ سکوں گی؟ کیا تدبیر؟ آہ! میں بد نصیب! آہ! آزاد نہ ہونا! قید ہونا! کیسی لعنت ہے؟ جس متنفّس کے دلی جذبات کی باگ اُس کے اپنے ہاتھ میں نہ ہو! اُس سے زیادہ بد نصیب دُنیا میں کون ہو سکتا ہے؟ کاش کہ! میں ایک کسان کی! ایک چرواہے کی! ایک فقیر کی لڑکی ہوتی!!! اور میرا ایک ایسا باپ ہوتا جو ہمیشہ میری

آرزوئیں پوری کرتا! (کچھ دیر سوچنے کے بعد) چھوڑنا! آہ نہیں! نہیں! یہ مجھ سے نہ ہوگا اُس کو چھوڑنا! اِس دنیا کو چھوڑنا! اِس زندگی کو چھوڑنا ہے!! نہیں! نہیں! اُس کے بغیر دُنیا عمر زندگی کا کیا مزہ آسکتا ہے؟ (پاؤں کی چاپ سُنائی دیتی ہے) آہ! وہی معلوم ہوتا ہے! (دونوں ہاتھوں سے دل تھامتے ہوئے) وہی ہے! میرا دل سینہ سے باہر نکلا پڑتا ہے یقیناً وہی ہے! (پرویز داخل ہوتا ہے) آہ!

(اپنے آپ کو ایک طرف ہٹا لیتی ہے۔ اس حال میں کہ تمام جسم کانپ رہا ہے۔ آنکھیں جھکی ہوئی اور فرش سے لگی ہوئی ہیں۔ دُزدیدہ نظروں سے پرویز کی طرف دیکھتی ہے)

گیارھواں نظارہ

(پرویز ——— خوب چہر)

پرویز۔ (اندر داخل ہوتے ہی خوب چہر کو دیکھ کر، ٹھٹھک کر اپنے آپ) آہ! وہ یہاں ہے! تنہا! (پلٹ کر جانا چاہتا ہے) مگر نہیں! ٹھیرنا چاہیئے! کچھ دیر یہیں ٹھیرنا چاہیئے!

(خوب چہر کی طرف دیکھتے ہوئے) آہ! ایک دفعہ بھی، سر اُٹھا کر میری طرف نہیں دیکھتی!

خوب چہر۔ (اپنے آپ) آہ! اس کے سامنے مجھ سے ٹھہرا نہیں جاتا کیسی ناقابل برداشت تکلیف ہے، تو کیا چلی جاؤں (جانے لگتی ہے، رُک کر دُزدیدہ نگاہوں سے پرویز کی طرف دیکھ کر اپنے آپ) جانے کو بھی دل نہیں چاہتا۔ آہ یہ مجھے کیا ہو رہا ہے؟

پرویز۔ (اپنے آپ) کچھ بات کروں؟ مگر مجھ سے اتنی جرات ہو بھی سکے گی؟

خوب چہر۔ (ایک مرتبہ اور پرویز کی طرف دیکھ کر اپنے آپ) نہیں! آہ! مجھ سے نہیں ٹھہرا جاتا! چلوں!!

(جاتے ہوئے پھر ایک بار پرویز پر نظر ڈالتی ہوئی بائیں طرف سے چلی جاتی ہے)

بارہواں نظارہ

(پرویز ــــــ تنہا)

پرویز۔ (مایوسی کے عالم میں اُس کھڑکی کی طرف دیکھ کر، جس میں خوب چہر گئی ہے! اپنے آپ) گئی! (کچھ دیر کھڑکی کی محراب کی طرف حیرت سے نظر جما کر) اِس کی حالت میں

بھی ایک بات نظر آتی ہے! میری طرف تیز نظر سے نہیں دیکھتی! جس جگہ میں ہوتا ہوں وہاں نہیں ٹھیرتی! اور تعجب تو یہ ہے مجھے حقارت سے نہیں دیکھتی! نہیں! آہ! مجھے ایسا خیال نہیں کرنا چاہیے! میری حالت اُس ذرہ کی سی ہے جو آفتاب کو دل دے بیٹھے! آہ! (کچھ گنگناتا ہے)

دُنیا میں ترے عشق کا چرچا نہ کریں گے!!

دُنیا میں ترے عشق کا چرچا نہ کریں گے!!

مر جائیں گے! لیکن تجھے رسوا نہ کریں گے!!

مر جائیں گے! مر جائیں گے! لیکن تجھے رسوا نہ کریں گے!

قربان کریں گے کبھی دل! جاں کبھی صدقے! تم اپنا بنا لو گی! تو کیا کیا نہ کریں گے!

کیا کیا نہ کریں گے! ہاں! تم اپنا بنا لو گی تو کیا کیا نہ کریں گے!

کعبہ ہو کہ بُت خانہ! کسی سے نہیں مطلب! ہم تیرے سوا غیر کو سجدہ نہ کریں گے!

ہیں اتنے وفا خو کہ ترے عشق سے ہم کو!

روکے گی خدائی بھی تو پروا، نہ کریں گے!

پروا، نہ کریں گے!۔

دُنیا میں تیرے! دُنیا میں ترے عشق کا چرچا نہ کریں گے!

(فرہاد، دائیں طرف سے گھبرایا ہوا داخل ہوتا ہے)

تیرھواں نظارہ

(پرویز ۔۔۔۔۔۔ فرہاد)

فرہاد۔ بیٹا! یہاں کیوں کھڑے ہو؟ جاؤ! جاؤ! یہاں سے جلد چلے جاؤ بس وہ ابھی، ابھی باہر آنے والا ہے!!

پرویز۔ بہت اچھا ابا جان!

(بائیں طرف سے چلا جاتا ہے)

چودھواں نظارہ

(فرہاد ۔۔۔۔۔۔ تنہا)

فرہاد۔ (اپنے آپ) خواب!! ایک خواب!! مگر کیسا عجیب خواب ہے؟؟ جس سے ظالم کو اِس قدر اضطراب ہے! ؟ آہ! خدا کرے بندگانِ خدا کے حق میں باعثِ خیر ہی

ثابت ہو! (دائیں طرف جاتا ہے) موبدوں کو بلایا ہے کہ تعبیر بتلائیں! مزاج داں درباری! اور ظالم بادشاہ! کیا تعبیر بیان کی جائے گی؟ دیکھئے!
(دائیں طرف سے چلا جاتا ہے۔ اُس کے جاتے ہی بائیں طرف سے ضحاک، مضطرب اور حواس باختہ داخل ہوتا ہے! پیچھے پیچھے چند خادم اور عصا بردار ہیں۔ پرویز بھی اپنا عصا سنبھالے پروقار انداز میں ساتھ ہے)

پندرھواں نظارہ

(ضحاک ـــــــــ نوکر ـــــــــ پرویز)

ضحاک۔ (تخت پر بیٹھ کر اپنے آپ) آہ! کیسا عجیب خواب!! کس قدر مہیب خواب!! نہیں! یہ خواب بے معنی نہیں ہو سکتا! یقیناً میں دُشمنوں کے درمیان زندگی بسر کر رہا ہوں! ہاں! ہاں! دُشمنوں! غداروں میں گھرا ہوا ہوں! مگر جب تک وہ مجھ پر قابو پائیں! میں اُنہی کا خاتمہ کر دوں گا!
(قحطان دائیں طرف سے داخل ہو کر، ضحاک کے قریب آتا ہے۔ اور زمین پر سجدہ کر کے ادب سے ہاتھ باندھ کر کھڑا ہو جاتا ہے)

سولہواں نظارہ

(پچھلے افراد ـــــــ قحطان)

ضحاک۔ سب کام ٹھیک ہو گیا؟

قحطان۔ حضور کے فضل سے سب کچھ ہو گیا!

ضحاک۔ ہماری سلطنت میں کوئی جمشید کا پیرو تو باقی نہیں رہا؟

قحطان۔ جہاں جہاں جمشید کے عبادت خانے تھے! مسمار کر دیئے گئے ہیں! اور اب اُن کی جگہ ہمارے معبودوں کی پرستش گاہیں نظر آتی ہیں! ہر ایک شخص کو مجبور کیا گیا ہے وہ اب سے اِن پرستش گاہوں میں عبادت کیا کرے! آج فارس کے تمام شہروں میں ہمارے معبودوں کی پرستش ہو رہی ہے مگر!

ضحاک۔ مگر کیا؟

قحطان ۔ حضور! کوہستان کے چرواہے! دیہات کے کاشتکار! اور جنگلوں کے خانہ بدوش بدوی اب تک جمشید کے مذہب پر قائم ہیں!

ضحاک ۔ (غصہ سے) کیا کہا؟ جمشید کا مذہب باقی ہے اور وہ اُس پر قائم ہیں؟؟ آہ! یہ ہے اُس خوفناک خواب کی تعبیر!!

قحطان ۔ عالی جاہ!!

ضحاک ۔ نہیں! نہیں! میری قلمرو میں، جمشید کا ایک پیرو بھی زندہ نظر نہیں آنا چاہیے!!

پرویز ۔ (اپنے آپ) الٰہی تیری پناہ!

ضحاک ۔ قحطان! یہ تیرا فرض تھا کہ تو دُنیا سے جمشید کے مذہب کا نام نشان مٹا کر واپس آتا!

قحطان ۔ حضور! سب نہیں چھوڑتے!!

ضحاک ۔ سب نہیں چھوڑتے! اِسی لئے تو تجھے بھیجا گیا تھا! کیا ہم نے حکم نہیں دیا تھا کہ جو لوگ جمشید کا مذہب نہ چھوڑیں، اُن کو سزا دینا!!

قحطان ۔ بے شک! عالی جاہ! میں سزا دیتا! مگر میرا زور نہیں چلا! جو مختصر فوج، کہ میرے ساتھ تھی! اِس کام کے لئے کافی نہ تھی! پھر ستم یہ تھا کہ میرے سپاہیوں کا ذخیرہ خوراک ختم ہو گیا تھا! اور وہ اکثر بھوکے رہتے تھے!!

ضحاک ۔ کیسی عجیب بات !! میری سلطنت میں اور میری ہی فوج بھُوکی رہے ! کیا مال گُزار مر گئے تھے ؟؟ آخر فوج کیوں بھوکی رہی ؟ کیا تم جس گاؤں میں پُہنچتے، وہاں سے جو چیز چاہتے، نہ لے سکتے تھے ؟

قحطان ۔ حضور! اِس صورت میں گاؤں والے فساد کرتے ہیں! آئندہ زیادہ فوج ساتھ رکھوں گا!

ضحاک ۔ (غضبناک ہوکر) دوبارہ کیوں بکتا ہے ؟ تُو جانے اور تیری فوج جانے ! اُس کی ضروریات پوری کرنا تیرا فرض ہے ! دیکھو! کان کھول کے سُن لو! کہ میں اپنی سلطنت میں جمشید کے ایک پیرو کو بھی زندہ نہیں دیکھنا چاہتا ! سمجھے ! تمہیں ہمارے معبودوں کی عبادت کو، پھیلانا چاہیے ! کیونکہ آج میرا تخت شاہی پر نظر آنا ! اُنہی کی بخشش کا نتیجہ ہے !

قحطان ۔ عالی جاہ

ضحاک ۔ (بات کاٹ کر) دیکھو! ہم زیادہ کہنا پسند نہیں کرتے ! تمہیں دو گھڑی کی مُہلت دی جاتی ہے ! جاؤ! کوئی مناسب تدبیر سوچو! اگر تم نے فوراً کوئی صورت نکال لی ! تو تمہیں انعام دیا جائے گا! ورنہ تمہارا سر گردن سے

قحطان ۔ (سر سے پاؤں تک لرز کر) آہ ! (ضحاک کے قدموں پر گر کے) حضور! حضور!

ضحاک ۔ فضول وقت ضائع نہ کرو! فوراً جاؤ اور بندوبست کرو! ہم نے ایک عجیب و غریب خواب دیکھا ہے! موبد آنے والے ہیں! تعبیر بتلائیں گے! اُس وقت تک تم بھی کوئی انتظام کر کے آجاؤ گے! اگر تم کوئی تدبیر نہ سوچ سکو، تو جلّادوں کو بھی اپنے ساتھ ہی لیتے آنا! (قحطان کانپ اٹھتا ہے) اور اگر تم نے کوئی علاج سوچ لیا تو ہم تمہیں اپنی دامادی کا شرف بخشیں گے!

پرویز۔ (حیرت و اضطراب کے مارے سراسیمہ ہو کر اپنے آپ) کیا؟ داماد؟ اِس کو؟؟

قحطان ۔ (حیرت آمیز خوشی کے جوش میں اپنے آپ) کیا؟ دامادی کا شرف؟؟ مجھ کو؟؟ آہ!

ضحاک ۔ جلد جاؤ! کوئی تدبیر سوچو!

قحطان ۔ جو حکم! (ضحاک کے قدموں کے آگے جھُک کر اور زمین کو بوسہ دیکر باہر جاتے ہوئے اپنے آپ) آہ!

خدا کی دین کا موسیٰ سے پُوچھیے احوال

کہ آگ لینے کو جائیں پیمبری مل جائے!!

یہ بات تو میرے شان گمان میں بھی نہ تھی! خوب چہر! خوب چہر سے شادی کرنا! آہ! اُس کے سامنے تو مرنا بھی دُنیا کی سب سے بڑی نعمت ہے! آہ! کچھ دنوں بعد، یا خوب

چھری کی آغوش میں مزے کی نیند آئے گی! یا جلاد کی خوفناک چھری موت کا پیغام سُنائے گی!!!! غیرت!!!

(دائیں طرف سے باہر جاتا ہے)

سترھواں نظارہ

(پچھلے افراد ــــــــ قحطان کے سوا)

ضحاک۔ (اپنے آپ) بے شک! اِس شخص نے میری بہت خدمات انجام دی ہیں! اگر اِس نے یہ مہم سر کرلی! تو میں ضرور اِسے اپنا داماد بناؤں گا! اِس کو اپنی لڑکی دوں گا! اور اگر اِس نے کچھ نہ کیا! اور کہا کہ مجھ سے یہ خدمت نہیں ہو سکتی تو میں اِس کا سر اُڑا دوں گا! اور پھر، اِس کی جگہ جس شخص کو مقرّر کروں گا اور جو اِس کے فرائض بخوبی انجام دے سکے گا! وہ میرے پاس ہے! میں اُس کو جانتا ہوں! وہ بہت موزوں شخص ہے! مگر یہ خواب؟ آہ!

(فرہاد دائیں طرف سے داخل ہو کر کھڑکی کے قریب ہی زمین کو بوسہ دیتا ہے)

اٹھارہواں نظارہ

(پچھلے افراد ۔۔۔۔ فرہاد)

ضحاک ۔ موبد ابھی تک نہیں آئے؟

فرہاد ۔ حاضر ہیں عالی جاہ!

ضحاک ۔ فوراً بلاؤ!

فرہاد ۔ جو حکم!

(باہر جاتا ہے اور پھر چند موبدوں کے ساتھ واپس آتا ہے ۔ موبدوں کا لباس سیاہ، جُبّے بلند، اور گیسو طویل ہیں، ہاتھوں میں لانبے لانبے عصا ہیں ۔ موبد زمین کو بوسہ دے کر کھڑے ہو جاتے ہیں)

اُنیسواں نظارہ

(پچھلے افراد ۔۔۔۔ موبد)

ضحاک ۔ اے میرے معبودوں کے خاص پرستارو! تم ہمارے معبودوں کے سایۂ عاطفت، میں تمام ظاہری و باطنی رموز و اَسرار سے واقف ہو!

موبدوں کا پیشوا۔ ولی نعمت! ارشاد فرمایئے! جو حکم ہوگا! ہم اپنے مُقدس کے فضل و کرم سے اس کی تعمیل میں کوشش کریں گے!

ضحاک۔ میں نے رات کو ایک نہایت ہولناک خواب دیکھا ہے!

تمام موبد۔ (ہم زبان ہو کر) خیر ہے! معبودوں نے چاہا تو!

ضحاک۔ خیر ہی تو نظر نہیں آتی! اگر معبودوں نے ہی خیر کی تو دوسری بات ہے!

فرہاد۔ (اپنے آپ) انشاء اللہ! بندوں کے حق میں ضرور کوئی خیر کی بات ہی ہوگی!

ضحاک۔ میں نے خواب میں دیکھا کہ میں ایک چرواہا ہوں! پہلے میرے پاس دس پندرہ بکریاں تھیں! پھر بڑھتے بڑھتے کئی ہزار ہو گئیں! میرا ایک بہت ہی وفادار کتا تھا۔ اُس نے مجھ سے کہا کہ جب تیرے پاس دس پندرہ بکریاں تھیں تو تُو مجھے روٹی دیتا تھا! اب تو تُو اتنی بکریوں کا مالک ہے! کیا اب بھی صرف روٹی ہی ملے گی! گوشت نہیں دے گا! یا تو مجھے گوشت دیا کر! ورنہ میں تیرے گلے کی حفاظت نہیں کروں گا! اور بھیڑیا آ کے ان سب کا خاتمہ کر دے گا! میں نے یہ خواب دیکھا ہے! اس میں بہت سے معانی پوشیدہ ہیں! غور کرو! اور اس کی سچی تعبیر بتلاؤ! اس خواب نے مجھے ڈرا دیا ہے!

فرہاد۔ (اپنے آپ) دیکھیں خوشامدی موبد! اس معاملہ میں کس قدر سچ کہتے ہیں؟ اور کس حد تک مزاج دانی برتتے ہیں؟

موبدوں کا پیشوا۔ (کچھ دیر سوچنے کے بعد) عالی جاہ! اگر اجازت مرحمت ہو تو جو کچھ بندگانِ عالی کو کشف ہوا ہے! اُس کی تعبیر عرض کی جائے!

ضحاک۔ جلد کہو! (اپنے آپ) اگر اس نے غلط کہا تو سب سے پہلے اِسی کا سر قلم کیا جائے گا!

موبد۔ حضور! یہ ہمارے معبودوں کی طرف سے ایک شکایت ہے! وہ فرماتے ہیں کہ جس زمانہ میں حضور! جزیرۃ العرب میں ایک مختصر سی جماعت کے حاکم تھے! ہمیں بکریوں کا مغز کھانے کو ملتا تھا! اب کہ حضور فارس کی عظیم الشان سلطنت کے شہنشاہ ہیں! بکریوں کا مغز کھلانا حضور کے شایانِ شان نہیں! جب حضور والا! کے قبضۂ قدرت میں اتنے آدمیوں کی جانیں ہیں تو کیا وجہ ہے کہ ہمیں آدمیوں کا مغز کھانے کو نہ دیا جائے؟؟ (فرہاد حیرت بھری نگاہوں سے موبدوں کی صورت دیکھتا ہے)

ضحاک۔ تعجب!! کیا یہ تعبیر صحیح ہے؟

موبدوں کا پیشوا۔ غلام کو تو یہی اِلہام ہوا ہے!

ضحاک۔ (دوسرے موبدوں سے) تمہاری کیا رائے ہے؟

دوسرے موبد۔ خانہ زادوں کا بھی یہی خیال ہے!

فرہاد۔ (غیظ و غضب سے اپنے آپ) آہ! ملعونو! بے ایمانو!

ضحاک ۔ اب کیا کرنا چاہیئے؟

موبدوں کا پیشوا۔ خواب کے حکم کی تعمیل ہونی چاہیئے!

ضحاک ۔ بہت خوب! مگر

(قحطان دائیں طرف سے داخل ہوتا ہے)

بیسواں نظارہ

(پچھلے افراد۔۔۔۔۔قحطان)

ضحاک ۔ (قحطان سے) آہا! ادھر آو! مابدولت نے تمہارے لیئے ایک نئی خدمت تجویز کی ہے! مگر پہلے یہ تو بتلاو کہ تم کیا کچھ کر آئے؟ اگر کوئی مناسب تدبیر سوچ لی ہے تو اِنعام موجود ہے! اور اگر ناکام آئے ہو تو جلّادوں کا ساتھ نہ لانا، ناقابلِ معافی حماقت ہے!

پرویز۔ (اپنے آپ) خدا نے چاہا تو کوئی تدبیر نہ کر سکا ہوگا!

قحطان ۔ عالی جاہ!!

ضحاک۔ نہیں کر سکے؟ یہی بات ہے؟؟

قحطان۔ (جس کا خوشی کے مارے سانس پھُول رہا تھا) سب کُچھ! حضور! سب کُچھ!!

ضحاک۔ کس طرح؟

قحطان۔ حضور! کل ایک نئی فوج بھرتی کروں گا! جس کو نہ تنخواہ دی جائے گی، نہ خوراک! اِس فوج کو کوہستانوں، اور دیہات میں مُنتشر کر دیا جائے گا! یہ لوگ جہاں کہیں، جمشید کے کسی پیرو کو پائیں گے، اُن کے مویشی چھین لیں گے! یہ مالِ غنیمت، اُن کی تنخواہ اور خوراک کا کافی نعم البدل بھی ہو جائے گا اور اُن کی معاش کا ذریعہ بھی! حضور! کسانوں کو سیدھا کرنے کے لئے اِس سے اچھّی کوئی سزا نہیں ہو سکتی! یہ لوگ اِسی سے ڈرتے ہیں! میرا خیال ہے کہ بعض بعض تو فوج والوں کی شکل دیکھتے ہی، جمشید کا مذہب چھوڑ دیں گے! اور ہمارے معبودوں کی عبادت کرنے لگیں گے!

فرہاد۔ (غصّے سے اپنے آپ) آہ! او پلید کتّے!!

ضحاک۔ (موبدوں سے) اچھّا تو اب اِس حکم کی تعمیل کس طرح ہوگی؟

موبدوں کا پیشوا۔ حضور! اِس میں کون سی دِقّت کی بات ہے؟ جس طرح پہلے ہمارے معبودوں کو روزانہ دو بکروں کا مغز کھلایا جاتا تھا! اُسی طرح اب ۲ دو لڑکوں کا سر کاٹ کر اُن کا مغز کھلایا جائے گا!

فرہاد۔ (غصہ اور بے بسی کے عالم میں اپنے آپ) آہ! اوملعونو!

پرویز۔ (اپنے آپ) الٰہی تیری پناہ!

ضحاک۔ مگر یہ لڑکے کہاں سے آئیں گے؟

قحطان۔ رعایا سے لئے جائیں گے! حضور! خاص کر، وہ لڑکے جو جمشید کے مُریدوں کی اولاد ہیں!

فرہاد۔ (اپنے آپ) او میرے خُدا! او جمشید کے خُدا! کیا تُو مجھے اِس دُنیا میں اِنتقام کا مزہ چکھنے سے محروم رکھے گا؟

ضحاک۔ تمام!

موبد۔ بجا! درست!

ضحاک۔ اِن قربانیوں کا اِنتظام فرہاد کے سپرد کیا جائے!

فرہاد۔ (گھبرا کر اپنے آپ) میرے سپرد؟؟؟ الٰہی خیر! الٰہی تیری پناہ!! مگر مگر اُس مقصد! آہ! اُس فرض کی خاطر مجھے یہ بھی گوارا کرنا پڑے گا!

ضحاک۔ سمجھے فرہاد؟

فرہاد۔ جو حکم حضور! (اپنے آپ) او میرے خدا! ظالم کے ظلم کا کبھی خاتمہ بھی ہوگا؟؟

ضحاک۔ (جانے کے ارادہ سے کھڑا ہو کر) موبدو! میں تمہارا بہت ممنون ہوں! معبود تمہاری حفاظت کریں! (موبد شکریہ کے طور پر سر جھکا لیتے ہیں)

قحطان۔ (اپنے آپ) کیا اپنا وعدہ بھُول گئے؟

ضحاک۔ قحطان! میں نے تمہاری تدبیر بہت پسند کی! اس پر بہت جلد عمل درآمد ہونا چاہیئے! میں بھی اپنا وعدہ پورا کروں گا!

پرویز۔ (اپنے آپ) آہ!

قحطان۔ (زمین بوسی کے بعد) عالی جاہ!!

ضحاک۔ (موبدوں سے) کل آپ لوگ یہاں تشریف لائیں! میری لڑکی کی قحطان کے ساتھ شادی کی رسم ادا ہوگی!

(بائیں طرف چلا جاتا ہے۔ پرویز کے سوا تمام خادم ساتھ چلے جاتے ہیں)

موبد۔ جو حکم! حضور!

(موبد، قحطان کے ہمراہ دائیں طرف سے باہر چلے جاتے ہیں۔ پرویز دیر تک مُردہ کی طرح دیوار کے سہارے کھڑا رہتا ہے)

اکیسواں نظارہ

(فرہاد ۔۔۔۔ پرویز)

فرہاد۔ (پرویز کے پاس آ کر) بیٹا! تم ساتھ کیوں نہیں گئے؟ یہاں اِس طرح کیوں کھڑے ہو؟ پرویز!!

پرویز۔ (کچھ ہوش اور کچھ بے ہوشی کے انداز میں بے اِختیار فرہاد کی گردن میں ہاتھ ڈال کر زار قطار روتے ہوئے) ہائے! ابا جان!! ابا جان!۔ میں مر مٹا! آہ! اب میں زندہ نہیں رہ سکتا!

فرہاد۔ (ایک عجیب و غریب اِضطراب سے) بیٹا!!! (اپنے آپ) اے عالم الغیب!! یہ کیا مُصیبت ہے؟

پرویز۔ ابا جان! مجھے ہلاک کر دیجئے! یا اِس جگہ سے نجات دِلا ئیے!۔۔۔۔ یہ جگہ اب روز بروز ناقابلِ برداشت ہوتی جاتی ہے!۔۔۔۔ چھوڑیئے! میں جاتا ہوں!۔۔۔۔ اگر میں اُسے بھلا سکا!۔۔۔۔ اور اگر میں اُسے نہ بُھلا سکا؟؟ (مایوسی سے) مگر ایک علاج ہے!! ایک آخری علاج!

فرہاد۔ بیٹا!(اپنے آپ) کسی عجیب حالت؟ افسوس! میری ساری عمر کی محنت اکارت جائے گی!(بلند آواز سے) بیٹا! کیا بات ہے؟۔۔۔۔ تمہیں کیا ہورہا ہے؟

پرویز۔ (مایوسی کے عالم میں روتے ہوئے) نہیں ٹھیر سکتا! ایک لمحہ کے لئے نہیں ٹھیر سکتا! آہ! ابا جان! اب میں یہاں نہیں ٹھیر سکتا! میں اپنی آنکھوں سے کبھی نہیں دیکھ سکتا!

فرہاد۔ کیا؟ بیٹا! تم کیا نہیں دیکھ سکتے؟؟

پرویز۔ غیر کے ساتھ!۔۔۔۔ ہائے! غیر کے ساتھ جانا!

فرہاد۔ (بے چین ہوکر) کیا کہتے ہو؟ بیٹا میں تمہارا مطلب نہیں سمجھا!

پرویز۔ محبت کرتا ہوں! آہ ابا جان! اب میں نہیں چھپا سکتا!۔۔۔۔ محبت! آہ! میں خوب چہرے سے محبت کرتا ہوں!

فرہاد۔ (انتہائی یاس سے) انصاف!! انصاف!!

(دونوں ہاتھوں سے سر پکڑ کر، ایک طرف ہو کر کچھ سوچتا ہے)

پرویز۔ (فرہاد کے پاس جا کر) ابا جان میں نے جو کچھ کہا!۔۔۔۔ یہ اک جنون ہے! ہاں! ایک جنون!۔۔۔۔ آہ! ایک غلام! ایک چرواہے کا لڑکا!!۔۔۔۔ اور ایک شہزادی سے محبت!!!۔۔۔۔ یہ کیسی جسارت! کس درجہ گستاخی ہے؟

فرہاد۔ (مایوسی سے سر نیچا کر کے اپنے آپ) ایک غلام؟؟ ایک چرواہے کا لڑکا؟؟ انصاف! انصاف!!

پرویز۔ (دیوانہ وار) ابا جان! ابا جان! میں نے بے اختیار اُس سے محبت کی ہے!۔! آہ! میں اُس کی اور اپنی حیثیت جانتا تھا! اسی لئے میں نے اپنے دل میں اُس کی طرف سے کسی اُمید کو جگہ نہیں دی! میں تو محبت کرنا بھی نہیں چاہتا تھا! کیونکہ جانتا تھا کہ اِس کا نتیجہ بہرحال نااُمیدی کے سوا کچھ نہیں! مگر کیا کروں؟ دل پر قابو نہیں چلا! آہ! میں ضبط نہ کر سکا! کیا کروں؟۔۔۔ ابا جان! ہائے! اِن آنکھوں سے کیونکر دیکھا جائے گا؟ کہ اُس پر ایک غیر شخص قبضہ۔۔۔ نہیں! آہ! نہیں دیکھا جا سکتا! میں نہیں دیکھ سکتا! چلا جاؤں؟۔۔۔۔ ابا جان! کیا میں یہاں سے چلا جاؤں؟ کچھ کیجئے! آہ! میرے لئے کچھ کیجئے!۔۔۔۔ یہاں سے چلا جاؤں۔۔۔۔؟ افسوس! وہ ابا جان کا جھونپڑا!!۔۔۔ کیسی امن کی جگہ تھی؟۔۔۔۔ الٰہی! تیری پناہ!۔۔۔۔ آہ، مجھے وہیں پہنچا دیجئے!۔۔۔۔ او خدا! انسان کو، چادر دیکھ کر پاؤں پھیلانے چاہیئں!۔۔۔ آدمی کی بہتری! اپنے ہی برابر والوں میں اپنے ہی عزیزوں کے ساتھ رہنے میں ہے!۔۔۔ میں نے جب سے اپنے باپ کے جھونپڑے کو چھوڑا ہے۔ نہ میرا دل قابو میں ہے! نہ میرا ذہن بجا ہے!۔!۔۔۔ جاؤں؟۔۔۔۔ جاتا ہوں۔۔۔۔!

(جانے لگتا ہے)

فرہاد۔ (روک کر) ٹھیرو!۔۔۔۔ تم بے اجازت نہیں جا سکتے! بیٹا!۔۔۔۔ فکر نہ کرو! میں نے ایک تدبیر سوچی ہے!۔۔۔۔ بس اِک اُس کو بُھلا دو!۔۔۔۔ اُس کو بُھلا دو اور رہو سہو! کوئی کچھ نہیں کہہ سکتا!

پرویز۔ اُس کو بُھلا دینے کے بعد کیا خطرہ ہو سکتا ہے؟ مگر آہ! اُس کا بُھلا دینا ہی تو مشکل ہے!(رو دیتا ہے)

فرہاد۔ (انتہائی یاس سے اپنے آپ) آہ! یہ مجھ پر کیسی مُصیبت آئی؟ (پرویز سے) بیٹا! رؤو مت! میں تمہارے لئے اجازت لے لوں گا!۔۔۔۔ گاؤں میں ایک دو مہینے رہنے سے یہ خیال مٹ جائے تو پھر چلے آنا۔۔۔۔!

پرویز۔ (اپنے آپ) مٹ جائے گا؟ (دیوانوں کی طرح ہنس کر) نہیں!! اب تو یہ قبر ہی میں جا کر مٹے گا! (بلند آواز سے) بہت اچھا! گھڑی بھر ٹھیریئے! میں یہاں سے چلا جاؤں گا۔!

فرہاد۔ اچھی بات ہے! مگر ذرا ٹھیرو! تم یہیں منتظر رہو! میں ابھی آتا ہوں!! اپنے آنسو تو پونچھ لو!۔۔۔۔ ذرا اچھی طرح بیٹھ جاؤ! کوئی کچھ خیال نہ کرے!

(دائیں طرف سے جاتا ہے)

بائیسواں نظارہ

(پرویز ـــــــ تنہا)

پرویز۔ (گُنگنا کر)

زمانِ ہجر مٹے! دورِ وصل یار آئے! الٰہی اب تو خزاں جائے! اور بہار آئے!

ترے خیال کی بیتابیاں، معاذاللہ! کہ ایک بار بھُلاؤں تو لاکھ بار آئے!

کسی کا شکوہ! عبث! یہ دُعائیں مانگ اے دل! کہ اب ملے تو ہمیں اِس قدر نہ پیار آئے!

ستم ظریفیِ فطرت! یہ کیا مُعمّا ہے؟؟ کہ جس کلی کو بھی سونگھوں میں بُوئے یار آئے!!

(دیوار کی طرف پشت کر کے، فرش پر ٹکٹکی باندھ کر گہری فکر میں ڈوب جاتا ہے)

پرویز۔ (اپنے آپ) میں نے کیا کیا کہ اُس سے محبت کی؟ میں نے کیوں اُس سے دل لگایا؟ آہ! اِس دن کا تو خواب میں بھی خیال نہ تھا! میری صبح کی حالت، اور اِس وقت کی حالت میں کس قدر فرق ہے۔۔۔؟ کس درجہ انقلاب! آہ! وہ اُس کے باپ کا سفّاکانہ حکم! وہ موبدوں کی شیطنت!۔۔۔ اور وہ قحطان کی ہولناک تدبیر۔۔۔ آہ! فرار! یہاں سے فرار! فرار ہو جانا چاہیے! یہاں ایک سانپ ہے! ایک حسین و جمیل

سانپ! خوب چہر دھوکا کھانے کی جگہ نہیں ہے!! خوب چہر!! آہ! خوب چہر!! (زمین پر نظر جمائے بےخودی میں خوب چہر!!
(خوب چہر بائیں طرف سے داخل ہوتی ہے)

تیتیسواں نظارہ

(پرویز ـــــ خوب چہر)

خوب چہر۔ (کھڑکی کے پاس آ کر چپ چاپ پرویز کی حالت دیکھ کر) آہ! اِسے کیا ہو رہا ہے؟ یہ اِس طرح کیوں کھڑا ہے؟ . . . . نہیں! میں اِسے اِس حالت میں نہیں چھوڑ سکتی! ۔ آہ کیا ہو گیا۔ (پرویز کی طرف دو قدم چل کر پھر رُک کر) خدایا! ۔ میں اِس کے پاس جانے کی جُرأت نہیں کر سکتی! میرے ہاتھ پیر کانپتے ہیں! مگر الٰہی خیر! . . . . اِسے کچھ ہو گیا تو! (ہمّت کر کے تیزی سے پرویز کی طرف آ کر کانپتی ہوئی آواز سے) پرویز!!

پرویز۔ (عالمِ وارفتگی سے چونک کر، آنکھیں کھول دیتا ہے۔ کچھ دیر بعد خوب چہر کو دیکھ کر) خو۔ ب۔۔۔۔ چ۔۔۔۔ چہ۔۔۔۔ ر!!

(قدموں پہ گر جاتا ہے)

خوب چہر۔ الٰہی خ۔۔۔ الٰہی خیر!! (پرویز کو اُٹھانے کی کوشش کرتے ہوئے) پرویز!! (یک بیک مضطرب ہو کر اپنے آپ کو ایک طرف کر کے) یہ کیا ہوا؟

پرویز۔ (نہایت رقیق لہجہ میں) معاف کرو! آہ! معاف کرو!۔۔۔۔ اب میں تمہیں دوبارہ نہیں دیکھوں گا! اِس لئے جُرأت کر رہا ہوں!۔۔۔۔ ہاں! آج یہ آخری مرتبہ تمہاری صُورت دیکھ رہا ہوں! آہ! اِس میں میری کچھ خطا نہیں! میں جانتا تھا کہ میں تم سے محبت کرنے کے قابل نہیں ہوں! مگر کمبخت دل پر قابو نہ پا سکا! اور میں تم سے محبت کرتا رہا!۔۔۔۔ معاف کرو! میں ابھی چلا جاؤں گا! تم پھر کبھی یہ دُکھڑا نہیں سنوگی! آہ! تم پھر کبھی مجھے یہاں نہیں دیکھوگی!۔۔۔

(جانے کا اِرادہ کرتا ہے)

خوب چہر۔ (پرویز کے پیچھے جا کر) نہ جاؤ!!۔۔۔۔ پرویز!

پرویز۔ (پلٹ کر خوب چہر کی طرف دیکھ کر) نہ جاؤں؟؟؟؟ میں!!! (اپنے آپ) الٰہی یہ وہ خود کہہ رہی ہے! یا میں خواب دیکھ رہا ہوں۔۔؟؟

خوب چہر۔ (ایک لمحہ تک شرمگیں نظریں جھکائے رہنے کے بعد) پرویز! کیا تم سچ مچ مجھ سے محب ؟؟

پرویز۔ معاف کرو! اب کبھی یہ صورت دیکھنی نصیب نہیں ہوگی! اس لئے میں نے اس قدر گستاخی سے کام لیا۔۔۔۔ (عاجزی سے) للہ معاف کرو!!

خوب چہر۔ (بے چین ہو کر) پرویز! تم مجھے ایک آقا زادی سمجھ کر گفتگو نہ کرو! میں تو تمہاری کنیز ۔۔۔۔ آہ! ایک کنیز ہوں!۔۔۔۔ ایک پرستارہ!

پرویز۔ (حیرت سے) تم ؟؟۔۔۔۔ تم ؟؟۔۔۔۔ مجھ سے محبت۔۔۔۔ ؟! تم! ۔۔۔۔ اللہ! کیا میں کبھی ایسا خیال کر سکتا ہوں؟۔۔۔۔ ؟

خوب چہر۔ ہاں! ہاں! پرویز! میں تم سے محبت کرتی ہوں!۔۔۔۔ آہ! میں بغیر تمہارے زندہ نہیں رہ سکتی!۔۔۔۔ نہ جاؤ! خدا کے لئے نہ جاؤ!!

پرویز۔ (بے اختیار ہو کر) آہ!۔۔۔۔ یہ فقرہ۔۔۔۔ ''میں تم سے محبت کرتی ہوں!''۔ ''میں تم سے محبت کرتی ہوں!'' یہ جو تمہارے ہونٹوں سے نکلا ہے! میری قسمت بدلنے کو کافی ہے!۔۔۔۔ اب میں ایک نہایت خوش نصیب فقیر ہوں! آہ! جاتا ہوں (جانا چاہتا ہے)

خوب چہر۔ (پیچھے سے راستہ روک کر) کہاں جاتے ہو؟ پرویز! جب تمہیں مجھ سے محبت ہے پھر کیوں جاتے ہو؟؟

پرویز۔ اس لئے کہ میں مایوس ہو گیا ہوں!

خوب چہر۔ جب ہم ایک دوسرے سے محبت کرتے ہیں! تو پھر مایوسی کیسی؟؟۔۔۔پرویز؟

پرویز۔ اس لئے کہ تم ایک بادشاہ کی نورِ نظر ہو!! اس لئے کہ میں ایک چرواہے کا لڑکا ہوں!!

خوب چہر۔ پرویز! ہم پر صرف ہمارے دلوں کی حکومت ہے! تمہارے سر کی قسم!۔ تمہارے سوا دُنیا میں کسی کا منہ نہ دیکھوں گی!

"کبھی فراق کے صدموں سے جی نہ ہاروں گی!
تمام عمر! تیری یاد میں گزاروں گی!!"

پرویز۔ آہ۔ یہی تو نہیں ہو سکتا! یہی تو ناممکن ہے! آج تم ایک اور شخص سے منسوب کر دی گئی ہو! اب میں یہاں رہ کے کیا کروں گا!۔۔۔آہ!!

خوب چہر۔ (بے اختیار گھبرا کر) کیا کہتے ہو۔۔۔؟؟۔۔۔الہٰی خیر!۔ کیا کہہ رہے ہو؟؟

پرویز۔ (خوب چہر کے پاس جا کر نہایت مایوسی سے) خوب چہر! تمہارے والد تمہاری ایک دوسرے شخص سے شادی کر دینا چاہتے ہیں! ہائے! کل تم قحطان کے سپرد کر دی جاؤگی!

خوب چہر۔ ظلم! ظلم!! ۔ ۔ ۔ ۔ انصاف انصاف!!

(بے ہوش ہو کر گرتی ہے۔ پرویز ہاتھوں پر تھام لیتا ہے) (پردہ گرتا ہے!)

**

دوسرا منظر

موبدوں کے مندر میں ہیبت ناک سانپ لہراتے نظر آتے ہیں۔ بیچ میں، ایک آہنی پنجرہ میں دو ۲ زبردست ناگ بند ہیں۔ پنجرے کے چاروں طرف ریشمی جھالر دار جڑاؤ پردے لٹک رہے ہیں۔ دیواروں پر سانپوں کی تصویریں بنی ہیں۔ دائیں بائیں طرف دو ۲ کھڑکیاں ہیں۔ دائیں طرف کی کھڑکی سے قربان گاہ نظر آتی ہے۔ قربان گاہ کی دیوار پر زنجیر کے ساتھ بہت سے چھرُے لٹک رہے ہیں۔ پردہ اُٹھنے پر پرویز اور خوب چہر، کھڑے ہوئے، مایوس نظروں سے چھرُوں کی طرف دیکھتے نظر آتے ہیں

پہلا نظارہ

(پرویز ــــــــ خوب چہر)

خوب چہر۔ کچھ دیر بعد، ہماری گردن اِس چھرُے سے

پرویز۔ (گھبرا کر) کیا کہہ رہی ہو؟ خوب چہر! تمہاری گردن اور یہ چھرا؟؟؟ کیا وہ تمہاری گردن اُڑانے کا حکم دے سکتا ہے؟۔۔۔ اپنی لڑکی کی گردن کا؟؟ اپنی نورِ نظر کی گردن کا؟۔

خوب چہر۔ آہ! تم نہیں جانتے! وہ اپنے حکم کو واپس لینے کا عادی نہیں ہے! جو بات اُس کی زبان سے نکل گئی! نکل گئی! بس، پھر اُسے پتھر کی لکیر سمجھو! نوشتہ تقدیر سمجھو!۔۔ میں نے اُسے منظور نہ کیا تو کیا وہ زندہ چھوڑ دے گا؟؟

پرویز۔ آہ!

خوب چہر۔ کاش کہ اِن موذی کیڑوں کی پہلی قربانی میں ہوں!

پرویز۔ (اپنے آپ) تعجب ہے! یہ بھی اِن سانپوں کی معتقد نہیں! (خوب چہر سے) کیا تمہارا اِن پر اعتقاد نہیں۔۔۔؟

خوب چہر۔ اِن ذلیل کیڑوں پر کس کا اعتقاد ہو سکتا ہے! میں اپنی ماں کے مذہب پر قائم ہوں! جمشید کے مذہب پر!!!۔ مگر اِس سے کیا فائدہ؟؟ آخر کار! چار ناچار! اِنہی ملعون کیڑوں کی بھینٹ چڑھائی جاؤں گی، جن سے میں اِس قدر نفرت کرتی ہوں! آہ! کچھ دیر بعد میرے سر کا مغز، اِنہی ہولناک جانوروں کی غذا ہو جائے گا!

پرویز۔ (وحشت زدہ ہوکر) کیا کہہ رہی ہو؟ خوب چہر! آہ! کیا سچ کہہ رہی ہو؟؟ تم! اور اِن کی غذا؟؟ فریاد! فریاد! مگر نہیں! نہیں!

خوب چہر۔ پرویز! میں تمہیں مایوس کرنا نہیں چاہتی! مگر کیا کروں؟ مجبور ہوں! جاؤ! یہاں سے چلے جاؤ! تاکہ مجھے اور میرے پیارے ارمانوں کو ذبح ہوتے نہ دیکھو!۔۔۔۔ جاؤ! اپنے باپ کے پاس چلے جاؤ!

پرویز۔ کیا کہتی ہو؟ خوب چہر!! اللہ کی پناہ! مجھے بے موت مارنا چاہتی ہو؟؟

خوب چہر۔ پرویز! میں خود اپنی موت کی طلبگار ہوں! موت! آہ! موت! ہزار درجہ، اِس سے بہتر ہے کہ میں اُس شخص سے شادی کروں! تم سے محبت کرنے! اور تمہاری محبت کو جاننے کے بعد، تم سے محروم ہو کر اُس کی، اُس ملعون کی بیوی بن جاؤں۔۔۔۔؟ نہیں! کبھی نہیں!

پرویز۔ (آہستہ) آہ! میرا سینہ پھٹا جاتا ہے!۔۔۔۔ (بلند آواز سے) خوب چہر! ہماری اُمیدوں کی کامیابی، سراسر ناکامیابی ہے! تم میری قسمت میں نہیں! میں تمہیں نہیں پا سکتا! اِس لئے جاؤ! میری محبت کو بُھول جاؤ! بُھلا دو! اور اپنے باپ کا کہا مانو!

خوب چہر۔ (وحشت بھری نظروں سے پرویز کی طرف دیکھتے ہوئے) کہا مانوں؟ اور تمہیں کھو دوں؟ واحسرتا!

پرویز۔ (ضبط کی کوشش کرتے ہوئے) مجھے بھول جاؤ! (روتے ہوئے) خوب چہر! مجھے بھول جاؤ! مگر ایک بار، ذرا پھر اُسے دُہرا دو، وہ جو تم نے کہا تھا ''میں تم سے محبت کرتی ہوں!'' ایک بار پھر کہو! اور بس! میں یہاں سے چلا جاؤں گا! چلا جاؤں گا! ۔۔۔۔ میری زندگی کا مقصد اب صرف تمہاری محبت میں جان دینا ہے! ۔۔۔۔ اِس کے سوا کچھ نہیں! کہہ دو! کہہ دو! للّٰہ! ایک دفعہ کہہ دو! ''میں تم سے محبت کرتی ہوں''! ہائے! کہہ دو! میں جا رہا ہوں! (ہاتھ پکڑ لیتا ہے)

خوب چہر۔ میں تمہیں بھول جاؤں؟ ۔۔۔۔ تم میری محبت میں جان دے دو! میں اُس کی بیوی بھی بن جاؤں؟ پرویز اُن کے قبضہ میں سانپ بھی ہیں، چھرے بھی ہیں، جلاد بھی ہیں۔ مگر میرا دل، میرا دل ہے! اِس پر کسی دُوسرے کا حکم نہیں چل سکتا! وہ میری گردن اُڑا سکتے ہیں! مگر زبردستی اُس کی بیوی نہیں بنا سکتے! میرا سر اِن ناپاک جانوروں کو کھلایا جا سکتا ہے! مگر اُس میں سے تمہارا سودا نہیں نکالا نہیں جا سکتا! ۔۔۔۔ مجھے اُمید نہیں کہ میں تمہیں پا سکوں گی! مگر جب تک زندہ ہوں! جب تک بدن میں جان باقی ہے! میں تمہیں نہیں بھُول سکتی! نہیں بھُلا سکتی! ۔۔۔۔ میں اب تک اِس خیال سے ڈرتی تھی کہ کہیں تمہیں مجھ سے محبت نہ ہو! مگر یہ جاننے کے بعد کہ تم مجھ سے محبت کرتے ہو! آہ! فریاد! فریاد! ۔۔۔۔ پرویز! میں اُس کے ساتھ نہیں جا سکتی! اگر

ابا نے زندہ چھوڑ دیا تو تمہاری یاد ہے اور میں ہوں!۔۔۔۔ اگر قتل کا حکم ہوا تو۔۔۔۔ سمجھوں گی کہ تمہاری محبت پر قربان ہو گئی! تم جاؤ! پرویز! تم جاؤ!۔۔۔۔ اور ایک ایسی خوبصورت لڑکی سے محبت کرو! جو میری طرح قید نہ ہو آزاد ہو! (مایوسی سے روتی ہے)

پرویز۔ خوب چہر! میرے زخمی دل پر نمک نہ چھڑکو! تم نے اگر باپ کے حکم سے صاف انکار کرنے کی ٹھان لی ہے تو میں یہیں رہوں گا! اگر تم پر خدا نخواستہ کوئی آفت آئی تو میں بھی اُس کی آرزو کروں گا! (رونے لگتا ہے) ہم دونوں ساتھ رہیں گے! ہمارا خون بھی ساتھ بہے گا!

خوب چہر۔ (پرویز کی گردن میں ہاتھ ڈال کر) ہائے اللہ! تم مجھ سے وعدہ کیوں نہیں کرتے کہ اگر زندہ رہے تو ساتھ رہیں گے! اور اگر مرے تو ساتھ مریں گے

آرزو یہ ہے کہ نکلے دم تمہارے سامنے!

تم ہمارے سامنے ہو! ہم تمہارے سامنے!

پرویز۔ بے شک! میری خوب چہر! بے شک! ہم اگر زندہ رہے تو ساتھ رہیں گے اور اگر مرے تو ساتھ مریں گے!

خوب چہر۔ اب میں ابا سے صاف کہہ دوں گی کہ مجھے تم سے محبت ہے! شاید اُنہیں رحم آجائے! شائد ہم باہم زندگی بسر کر سکیں!

پرویز۔ (بات کاٹ کر) آہ!

خوب چہر۔ اگر اُنھوں نے انکار کیا تو میں اصرار کروں گی! ۔ ۔ ۔ ۔ اور اگر قتل کا حکم دے دیا تو ہم ساتھ مریں گے! جاؤں؟ ابّا سے کہوں؟؟ جانے لگتی ہے مگر پھر لوٹ آتی ہے) پرویز! پیارے!! کہیں میں تمھیں آخری مرتبہ نہ دیکھ رہی ہوں؟

(روتی ہوئی بائیں دریچہ سے چلی جاتی ہے)

دُوسرا نظارہ

(پرویز ـــــ تنہا)

پرویز۔ (نہایت حسرت سے خوب چہر کے پیچھے نظر دوڑاتے ہوئے) او میرے خدا! اِس کو میری بد نصیبی کے لئے قربان کیا جا رہا ہے! زندگی سے! آہ! زندگی کی تمام دلچسپیوں سے محروم! ۔ ۔ ۔ ۔ میں بھی، یہاں سے نہیں جاؤں گا ۔ ۔ ۔ ۔ ! نہیں! ۔ ۔ ۔ ۔ میں نہیں جا سکتا! ۔ ۔ ۔ ۔ جو اِس کا انجام ہو گا! وہی میرا ہو گا! اگر اِس کو جبراً قحطان کے سپرد کر دیا گیا تو میں بھی اپنے لئے ایک آخری فیصلہ کر لوں گا! مر جاؤں گا! اور کیا کروں گا؟

زندگی کی جتنی امیدیں تھیں سب مرجھا گئیں
اب تو مایوسی یہ کہتی ہے کہ مرجائیں گے ہم!!

جب اُن کو، ہماری محبت کا حال معلوم ہو گا! تو وہ خوب چھر کو زبردستی قحطان کے حوالے کرنے کی کوشش کریں گے! اور مجھے۔۔۔۔ ہاں مجھے بھی! اِن موذیوں کی بھینٹ چڑھا دیں گے!۔۔ اِس چھرے سے میرا سر قلم کر دیں گے! ہم نے ساتھ جینے اور ساتھ مرنے کا عہد کیا ہے! مگر اِس سے کیا نتیجہ؟ اِس پر ہمارا کیا زور؟ آہ! اِس دُنیا میں جو لوگ بہت بڑے خیال کیئے جاتے ہیں! وہ بھی قیدی ہی ہوتے ہیں! آزادی! ہلکی سی آزادی بھی اگر ہوتی ہے تو وہ عام لوگوں ہی میں پیدا ہوتی ہے!

(فرہاد دائیں طرف سے داخل ہوتا ہے)

تیسرا نظارہ

(پرویز ـــــــ فرہاد)

فرہاد۔ (کھڑکی سے باہر نکل کر، پرویز کو نہ دیکھ کر اپنے آپ) میری عمر بھر کی اُمید رفتہ رفتہ غارت ہوئی جاتی ہے! اور اُس کی خاطر، جن گناہوں کا میں مُرتکب ہو رہا ہوں، وہ

روز بروز، سنگین ہوتے جاتے ہیں! روز اِک نئے گناہوں کا سامنا ہوتا ہے! آج پھر ایک سفاکانہ گناہ! ان زہریلے کیڑوں پر وطن کے معصوم نونہالوں کی قربانی! کس قدر ہولناک! کس درجہ قاتلانہ فرض! خدا کی پناہ! کیسی گندی چیز! کتنا گندہ کام میرے سپرد ہوا ہے!۔۔۔۔ آہ! وہ گویا میری مُراد جانتے ہیں، اور محض مجھ سے انتقام لینے کیلئے ایسے گناہ آلود کام میرے سپرد کرتے ہیں وہ بھی، مجرموں کا نہیں بلکہ قوم کے معصوم بچوں کا قتل! او خدا! گروہ موبد میرے ہاتھ آ جائیں!!! وہ لوگ، جو بیگناہوں کی خونریزی کو، عبادت سمجھتے ہیں! افسوس میرے ہاتھوں سے ایسا گناہِ کبیرہ سرزد ہو گا۔۔۔۔۔؟۔۔۔۔ کیا کروں؟۔۔۔۔ یہ فرض! مجھے ہر فعل کے ارتکاب پر مجبور کر دیتا ہے! مگر افسوس کہ اِس فرض کا انجام روز بروز ناممکن ہوتا جاتا ہے۔ پھر اِن بچوں کی محبت بھی خطرہ سے خالی نہیں خدا کرے کسی کو معلوم نہ ہو۔ اِس راز کو چھپانے کی خاطر پرویز کو گاؤں بھیج دینا چاہیے۔ اوپر جانے کیلئے پلٹتا ہے، پرویز پر نظر پڑتی ہے) اوہ! بیٹا! ۔۔۔۔ تم یہاں ہو؟۔۔۔۔

پرویز۔ یہیں ہوں۔۔۔۔ ابا! آپ اتنے گھبرا کیوں رہے ہیں؟ آپ کو کیا ہو رہا ہے؟

فرہاد۔ بیٹا! تمہاری ہی فکر ہے!۔ اگر تمہاری محبت کا حال کھل گیا تو اِس کا نتیجہ موت ہے!

پرویز۔ میں !اور خوب چھر کی محبت !! نہیں !ابّا! میں نے اُس کو بھلا دیا ہے !

فرہاد۔ میرے بیٹے! کل تمہارا کیا حال تھا۔ ۔ ؟ کچھ یاد ہے ؟

پرویز۔ نہیں معلوم! کل کیا ہوا تھا؟ میں دوسری فکروں میں تھا!

فریاد۔ کہہ دو کہ تم اُس سے محبت نہیں کرتے ؟

پرویز۔ نہیں !ابّا! میں کس طرح محبت کر سکتا ہوں ؟ کیا ایک غلام اپنے ولی نعمت کی لڑکی سے محبت کر سکتا ہے ؟ اور میں کس اُمید پر ایسا کر سکتا ہوں ؟ ؟

فرہاد۔ کہہ دو کہ تم محبت نہیں کرتے اور اُس کی اور قحطان کی شادی کو رشک کی نظروں سے نہیں دیکھتے !! یہی بات ہے نا ؟ ؟

پرویز۔ (ضبط کر کے) جی ہاں !

فرہاد۔ آہ شُکر ہے !۔ ۔ شاباش بیٹا! (اپنے آپ) بڑی مصیبت سے نجات ملی !

پرویز۔ (اپنے آپ) اگر میں نے سچ سچ کہہ دیا تو یہ شاید مجھے یہاں نہ رہنے دیں !۔ ۔ ۔ ۔ یہ یہی سمجھیں تو اچھّا ہے !

فرہاد۔ (اپنے آپ) لڑکی کے متعلق بھی آج فیصلہ ہو جائے گا! اگر وہ یہیں رہتی تو اِس کی محبت اور زیادہ ہو جاتی، اب دوسرے گھر چلی جائے گی تو رفتہ رفتہ اِس کا خیال بھول جائے گی۔ مگر پھر بھی جب تک شادی نہیں ہوتی! مجھے بے فکر نہیں ہونا چاہیئے! (بلند

آواز سے) میرے بیٹے یہاں کیوں کھڑے ہو؟۔۔ آؤ باہر چلیں! کچھ دیر ہوا خوری کریں!

پرویز۔ بہت اچھا ابا جان! (جس وقت دونوں دائیں طرف سے باہر جاتے ہیں، مہرو اور خوب چہر بائیں کھڑکی سے داخل ہوتی ہیں پرویز پلٹ کر خوب چہر کو دیکھتا ہے) آہ! وہ!!! (باہر نہیں جا سکتا! کھڑا ہو جاتا ہے)

فرہاد۔ آؤ! بیٹا! ٹھیر کیوں گئے؟ (ہاتھ پکڑ کر کھینچتا ہے)

پرویز۔ کہاں جائیے گا؟ ابا جان!

فرہاد۔ آؤ! آؤ! اِک ذرا کام ہے!

پرویز۔ باہر جاتے ہوئے ایک دفعہ اور خوب چہر کی طرف دیکھ کر) آہ! (جاتے ہیں)

چوتھا نظارہ

(مہرو ـــــــ خوب چہر)

خوب چہر۔ (پرویز کو جاتا دیکھ کر) امی جان! وہ گیا!

مہرو۔ نہیں! بیٹی! یہیں ہے!۔۔۔۔ مگر بیٹی! اِدھر آؤ! ذرا مجھے اطمینان دلاؤ! کہ تم اِس جنون کو بھُلا دو گی!

خوب چہر۔ آہ! امی جان! اگر میرا بس چلتا! اگر میرا بس چلتا! مگر یہ تو میرے بس کی بات ہی نہیں! دیکھئے! مجھے اُس سے کب سے محبت ہے؟ مگر آج تک کسی کو بھی معلوم ہوا؟ اور تو اور، خود اُس کو خبر نہ تھی! مگر مایوسی! نا اُمیدی! افسوس۔ اب میں ضبط نہیں کر سکتی! امی جان! اللہ کی امان! کوئی صُورت نکالیئے۔ ابّا کو سمجھا یئے! کہ مجھے اُس لعین کے حوالے نہ کریں!۔۔۔۔ میں نہیں جاؤں گی! ناممکن! قطعی ناممکن!!

مہرو۔ آہ! بیٹی! تم نے اپنے نازک دل کو اِس نازک مُصیبت میں کیوں پھنسا لیا؟ کیا تمہیں معلوم نہ تھا کہ تم پرویز کو نہیں مل سکتیں؟

خوب چہر۔ آہ! پرویز کو نہ پانے کا خیال کُجا! میں تو یہ بھی نہ جانتی تھی کہ میں اُس سے محبت کرتی ہوں! کیوں محبت کرتی ہوں؟ اور کس طرح محبت کرتی ہوں؟ میں خود نہیں سمجھتی تھی!

مہرو۔ بیٹی! اپنے باپ کے مزاج سے واقف ہو؟

خوب چہر۔ نہیں جاؤں گی! امی جان! میں اُس نابکار کے گھر نہیں جاؤں گی! جلّادوں کے سپرد کر دیں! جو جی چاہے کریں!

مہرو۔ ہائے اللہ! اب کس طرح سمجھاؤں؟ بیٹی للّٰہ، ایسا نہ کرو!۔۔۔۔جس طرح ہوتا ہے ہونے دو! شاید قسمت ہی میں یہ لکھا ہو!۔۔ مجھے نہیں دیکھتیں؟ کب سے اور کیا کچھ برداشت کر رہی ہوں؟

خوب چہر۔ میں بھی کیا کچھ برداشت نہیں کر سکتی؟ امی جان! مگر کم بخت دل پر بھی تو قابو چلے! آہ! یہ مایوسی! یہ مایوسی مجھے جینے نہ دے گی! ہائے! مایوسیاں محبت کی! مر نہ جائے تو کیا کرے کوئی؟

مہرو۔ تمہیں معلوم ہے کہ اِک تو تمہارے باپ کو، تم سے پہلے ہی برائے نام محبت ہے!! اب اگر تم نے اُس کے حکم کی تعمیل سے انکار کیا تو میں ڈرتی ہوں، ہمارے سر پر، خدا جانے کیسی کچھ مصیبت نازل ہوگی!

خوب چہر۔ جو ہو، سو ہو! میرے لئے تو سب سے بڑی مصیبت یہی ہے! آہ! میں ان حالوں زندہ رہ چکی! یا رہائی یا موت!!

(رونے لگتی ہے)

مہرو۔ (روتے ہوئے خوب چہر کے آنسو پونچھتی جاتی ہے) بیٹی! تمہیں اپنے آپ پر رحم نہیں آتا! مجھ پر تو رحم کرو! آہ! میں نے اپنے لختِ جگر کو کھو دیا! خیر! میں اُس کی بجائے تم سے محبت کرنے لگی! تمہاری ماں نے تمہیں سال بھر کا چھوڑا تھا اور چونکہ وہ

جانتی تھی کہ تمہارے باپ کی شفقت، ظالم کے ظلم سے کچھ کم نہیں! اس لئے اُس نے مرتے وقت، تمہیں میرے سپرد کیا تھا! کہ اِس بچی کا تمہارے اور خدا کے سوا تیسرا کوئی نہیں، اِسے اپنی اولاد کی طرح رکھنا! اُس نے یہ وصیت کی اور اپنے کمزور اور دُبلے پتلے ہاتھوں سے تمہیں میری گود میں دے دیا! اُس وقت سے اب تک، میں تمہیں اپنی اولاد کی طرح سمجھتی رہی ہوں!

خوب چہر۔ (مہرو کی گردن میں ہاتھ ڈال کر) میں جانتی ہوں امی جان میں جانتی ہوں میں ناشُکری نہیں ہوں! تم نے مجھے اس طرح رکھا کہ میں اپنی ماں کو بُھول گئی!۔۔۔۔ ہاں! میں تمہاری محبت و شفقت کی گود میں چھوٹی سے بڑی ہوئی! میں نے تمہیں اپنی ماں کی جگہ جانا! ابا کے ظلموں سے تمہیں نے مجھے بچایا! نہیں تو آج تک کئی دفعہ جلّاد کے سپرد ہو چکی تھی!

مہرو۔ بیٹی! انکار نہ کرو! کچھ تو میرا دل رکھو! دیکھو اِس خیال کو بُھلا دو! اور اپنے باپ کا کہا مانو! اِس کے سوا کوئی صُورت نہیں ہے!

خوب چہر۔ امی جان! تم چاہتی ہو کہ میں ایسے وحشی، ظالم اور خونخوار شخص سے شادی کر لوں؟؟

مہرو۔ آہ! بیٹی! اگر سچ پوچھتی ہو تو میری آرزو یہ تھی کہ تم میرے لختِ جگر (روتی ہے) کیونکہ میں اب تک اُس کے ملنے سے نااُمید نہیں ہوں! آہ! اگر آج کل میں وہ آ جاتا ہیہات!۔۔ تمہیں میرے لڑکے سے محبت تھی؟ تھی نا؟ بیٹی؟؟ آہ! فریدوں! آج پرویز کے برابر ہوتا!۔ وہ بھی پرویز کی طرح خوبصورت تھا۔۔۔۔! تم اُس سے محبت کرتی تھیں؟۔۔۔۔۔ کیوں نا؟ بیٹی؟؟

خوب چہر۔ (روتے ہوئے) امی جان!۔

مہرو۔ آہ! میں بدنصیب!۔۔ خود اپنے آپ کو دھوکا دے رہی ہوں! (پاؤں کی آہٹ سنائی دیتی ہے) کوئی آ رہا ہے! بیٹی! تم جاؤ! تم!۔۔۔۔ میں بھی آتی ہوں!

(خوب چہر چُپ چاپ آنسو پونچھتی ہوئی بائیں طرف سے چلی جاتی ہے۔ دائیں طرف سے فرہاد داخل ہوتا ہے)

پانچواں نظارہ

(مہرو ــــــ فرہاد)

مہرو۔ (فرہاد کے پاس جا کر) فرہاد! میں نے کل تمہارا بہت دل دُکھایا!

فرہاد۔ کوئی بات نہیں!

مہرو۔ میری باتوں کا خیال نہ کرنا! فرہاد! آہ! جب بھی مجھے اپنے بیٹے کا خیال آتا ہے! میں دیوانی سی ہو جاتی ہوں! نہ یہ سمجھتی ہوں کہ کیا کر رہی ہوں؟

فرہاد۔ بے شک! بیٹے کا داغ ایسا ہی ہوتا ہے! (رنج و غم کی حالت میں سر جھُکا لیتا ہے)

مہرو۔ مگر فرہاد! اِس لڑکی کا کیا ہو گا؟ تمہیں معلوم ہے، میں اِسے اپنی اولاد کی جگہ سمجھتی ہوں! اِس کی ماں میری بہن کے برابر تھی! اور مرتے وقت اِسے میرے حوالے کر گئی تھی! یوں سمجھو! کہ خوب چہر! ضحاک کی نہیں! میری لڑکی ہے!

فرہاد۔ بے شک! تمہاری لڑکی کے برابر ہے! میں جانتا ہوں!

مہرو۔ وہ، قحطان کی بیوی بننے کو تیار نہیں! وہ پرویز سے محبت کرتی ہے!

فرہاد۔ (بے اختیار ہو کر) آہ! آہ! وہ بھی پرویز سے محبت کرتی ہے؟؟

مہرو۔ ہاں! اور اِتنی محبت ہے کہ کہتی ہے اگر میری اُمید ٹوٹ گئی تو میں اپنے آپ کو ہلاک کر لوں گی! مگر قحطان کی بیوی، کسی حال میں نہیں بنوں گی! اب فرہاد! اگر اِس کا باپ شادی پر اَڑ گیا تو کیسی مُصیبت کا سامنا ہو گا؟ خدا ہی خیر کرے! رنگ بے ڈھب ہے! اِس کی کوئی تدبیر کرو!

فرہاد۔ (مایوسی سے) تدبیر! آہ! اِس کی کوئی تدبیر نہیں! ابھی ابھی موبد آنے والے ہیں اور نکاح پڑھانے والے ہیں! ۔۔۔۔ کس کی جُرأت ہے؟ کہ اِس شادی کو، ایک لمحہ کے لئے بھی روک سکے؟ ۔۔۔۔ نہیں! ممکن نہیں! ۔۔۔۔ تم جاؤ! لڑکی کو بہلاؤ! پُھسلاؤ! شادی پر رضا مند کرو! ورنہ ہم پر بڑی ہی مصیبتیں نازل ہوں گی!

مہرو۔ میں تو سمجھاتے سمجھاتے تھک گئی! تمہارے کہنے سے ایک دفعہ اور جاتی ہوں! پھر کوشش کرتی ہوں! (جاتے ہوئے اپنے آپ) آہ! بد نصیب لڑکی!

(بائیں طرف سے باہر چلی جاتی ہے)

چھٹا نظارہ

(فرہاد ــــــ تنہا)

فرہاد۔ ایک دفعہ لڑکی اپنی رضا مندی ظاہر کر دے، اور جھٹ سے نکاح ہو جائے بس! پھر کوئی اندیشہ نہیں! یقیناً اُس کے جانے کے بعد، پرویز، چند ہی روز میں اُسے بھول جائے گا اِس وقت اگر لڑکی نے کہہ دیا کہ میں قحطان سے شادی نہیں کروں گی، مجھے پرویز سے محبت ہے! تو یا تو دونوں کی جان جائے گی! یا پھر شادی ہو جائے گی! دونوں

صُورتوں میں پرویز ہاتھ سے جاتا ہے!۔۔۔۔ نہیں! نہیں ضحاک کی لڑکی سے اُس کی شادی کسی طرح نہیں ہونی چاہیئے! وہ قحطان ہی کے گھر جائے تو اچھا! (اندر سے گہماگہمی کی آوازیں آتی ہیں) ارے!۔ موبد آگئے! نکاح پڑھائیں گے!

(دائیں طرف سے پانچ چھ موبد قحطان کو بیچ میں لئے، اور بائیں طرف سے چند اور موبد خوب چہر کو لئے، بلند آواز سے نکاح کے بول پڑھتے ہوئے داخل ہوتے ہیں۔ موبدوں کی گردنوں پر سانپ لپٹے ہوئے ہیں، بعض کے شانوں پر لٹک رہے ہیں، بعض کے ہاتھوں میں ہیں، قحطان اور خوب چہر نے ہیرے جواہرات اور دوسری جگمگاتی ہوئی چیزوں سے جڑی ہوئی ٹوپیاں پہن رکھی ہیں۔ خوب چہر حواس باختہ اور پریشان ہے)

ساتواں نظارہ

(فرہاد ــــــ موبد ــــــ قحطان ــــــ خوب چہر)

موبد۔ (سانپوں کے پنجرے کی طرف آ کر بلند آواز سے)

جب ہمارے حافظ و ناصر یہ کُل معبود ہیں!
ہم پہ سب رنج و الم کے راستے مسدود ہیں!
معتقد اِن کے ہمیشہ عزت و راحت میں ہیں!
اور دُشمن سر نگوں لعنت گہِ ذلت میں ہیں!
(پنجرہ کے پاس جا کر سانپوں کو سجدہ کرتے ہیں)
اب نہ _____ ہم غفلت کریں!
آؤ!! _____ عبادت کریں!
ہے یہی سجدہ گہِ ہر عام و خاص!
آؤ مل جل کریں سب التماس! ۔۔۔ التماس!
(سب سجدہ کرتے ہیں)
(پھر اُٹھ کر خوب چہر کو دائیں طرف سے اور قحطان کو بائیں طرف سے پکڑ کر کھینچتے ہوئے پنجرہ کی طرف لے جاتے ہیں)
ہاں! صمیمِ قلب سے جو بھی کرے گا التماس!
زندگی اُس کی بسر ہوگی ہمیشہ بے ہراس!
گردشِ ایام کا زور اُس پہ چل سکتا نہیں!

تختِ عزّت اُس کے قدموں سے نکل سکتا نہیں!
(پنجرہ کے پاس جا کر سجدہ کرتے ہیں)
اب نہ ۔۔۔۔۔۔۔۔۔ ہم غفلت کریں!
آؤ!! ۔۔۔۔۔۔۔۔۔ عبادت کریں!
ہے یہی سجدہ گہِ ہر عام و خاص!
آؤ! مل جُل کر کریں سب التماس! ۔۔۔ التماس!

فرہاد۔ (اپنے آپ) نکاح ہو جائے گا! ۔۔۔ بڑی مصیبت سے نجات ملی!! مگر غریب لڑکی! ۔۔۔ چہرہ پر کیسی مُردنی سی چھا رہی ہے!! اگر اس حالت میں پرویز آ جائے! اور اسے دیکھ لے! یقیناً زندہ نہیں رہ سکتا! ۔۔۔ اب آنے ہی والے ہیں!
(ضحاک داخل ہوتا ہے۔ پرویز، دوسرے خادموں کے ساتھ پیچھے ہے۔ دو موبد ضحاک کے شانوں سے شانے ملائے اوپر کے اشعار گاتے ہوئے آ رہے ہیں۔ ضحاک کو پنجرہ کے قریب لا کر سجدہ کراتے ہیں۔ خادم کھڑکی کے قریب کھڑے ہو جاتے ہیں۔ فرہاد، پرویز کے پاس آجاتا ہے)

آٹھواں نظارہ

(پچھلے افراد___ ضحاک___ پرویز___ خادم)

پرویز۔ (خوب چہر کے چہرہ پر نظر جمائے ہوئے) آہ! دُولھن بنی کھڑی ہے! کیا راضی ہوگئی ہے؟؟ الٰہی مجھ سے ضبط نہیں ہو سکتا!

فرہاد۔ بیٹا!

پرویز۔ اگر وہ قحطان کے ساتھ چلی گئی تو میں یہاں سے زندہ نہیں جا سکوں گا!

فرہاد۔ (وحشت زدہ ہوکر) خدا کی پناہ!۔۔۔۔ میرے بیٹے! ذرا ہوش میں رہو!!۔

پرویز۔ آپ کچھ نہ کہیے ابّا! (ایک طرف ہو جاتا ہے)

فرہاد۔ (بیچ میں آکر مایوسی سے اپنے آپ) آہ! مجھ پر مُصیبتوں کا پہاڑ ٹوٹ پڑے گا!۔ میں اتنی قربانیوں کے باوجود اپنی مُراد کو نہ پہنچ سکوں گا!

(کچھ دیر بھجن گا کر، موبد، ضحاک کے ساتھ پنجرہ کے دائیں طرف آتے ہیں! اور ضحاک کا بازو اُس سے چھُوا دیتے ہیں۔ موبدوں کا پیشوا، پنجرہ کے بائیں طرف کھڑا ہو جاتا ہے۔

قحطان اور خوب چہر کو، پنجرہ کے سامنے کھڑا کرکے موبد اُن کے چاروں طرف حلقہ بنا لیتے ہیں)

موبدوں کا پیشوا۔ (قحطان سے) تم اپنے معبودوں کے سامنے اقرار کرتے ہو؟ کہ تم نے خوب چہر کو اپنے نکاح میں قبول کیا!!

قحطان۔ ہاں! میں اپنے معبودوں کے سامنے اقرار کرتا ہوں کہ میں نے خوب چہر کو اپنے نکاح میں قبول کیا۔۔!

موبدوں کا پیشوا۔ (دوسرے موبدوں سے) تم شاہد ہو کہ قحطان نے خوب چہر کو اپنے نکاح میں قبول کیا۔۔؟

ایک موبد۔ بے شک قحطان کے، خوب چہر کو اپنے نکاح میں قبول کرنے کا اقرار، ہم نے خود اُس کے منہ سے سُنا ہے! اور ہم اپنے معبودوں کے سامنے شہادت دیتے ہیں!

(یہ سوال و جواب تین مرتبہ دُہرائے جاتے ہیں)

پرویز۔ (مایوسی سے اپنے آپ) آہ! اگر اُس کی زبان سے بھی ایسے ہی الفاظ نکلے تو بس! میرا خاتمہ ہے!۔۔۔ مگر کوئی ہرج نہیں! اِس طرح وہ آزاد ہو جائے گی! اور میں۔۔۔۔ میں اُس کی محبت میں جان دے دوں گا!

موبدوں کا پیشوا۔ (خوب چہر سے) تم قحطان کو اپنے نکاح میں قبول کرنے کا، اپنے معبودوں کے سامنے اقرار کرتی ہو؟ (خوب چہر جواب نہیں دیتی) کیوں؟ جواب کیوں نہیں دیتیں؟؟ (خوب چہر بدستور خاموش رہتی ہے) بیٹی! جواب دو! جب تک تم قبول نہیں کرو گی! نکاح درست نہیں ہوگا! بولو! تم قحطان کو قبول کرتی ہو یا نہیں؟ (خوب چہر خاموش ہے۔ مہرو بائیں طرف سے آ کر فرہاد سے چپکے چپکے باتیں کرتی ہے)

نواں نظارہ

(پچھلے افراد۔۔۔۔۔ مہرو)

پرویز۔ (آہستہ اپنے آپ) جواب نہیں دیتی! قبول نہیں کرے گی! الٰہی تیرا شکر! ۔۔۔۔ مگر انجام ۔۔۔۔؟ آہ!! اِس کا انجام کیا ہوگا؟؟

ضحاک۔ (غضبناک ہو کر خوب چہر سے) جواب کیوں نہیں دیتی؟ چُپ کیوں کھڑی ہے؟؟

موبدوں کا پیشوا۔ (خوب چہر سے) کہو بیٹا! ڈرو مت! شرم کی کیا بات ہے؟

مہرو۔ (اپنے آپ) بیچاری خوب چہر! میں ڈرتی ہوں! کوئی سخت جواب دے گی!

پرویز۔ (اپنے آپ) آہ! میری جان قبول نہیں کرتی!

موبدوں کا پیشوا۔ کہو! کہو! شرماؤ مت! قحطان کو قبول کیا یا نہیں؟

خوب چہر۔ (لرزتی ہوئی، لڑکھڑاتی ہوئی آواز میں) نہیں!

ضحاک۔ (انتہائی طیش میں) نہیں؟!!؟

پرویز۔ (اپنے آپ) نہیں! میری جان نہیں قبول کرتی! شُکر ہے!

فرہاد۔ (اپنے آپ) نہیں قبول کرتی! وا مُصیبتا!!

مہرو۔ (اپنے آپ) انصاف! انصاف! غریب لڑکی!

ضحاک۔ (بے انتہا غصہ سے) کیا کہا؟۔ کیا۔۔۔۔؟؟؟

موبدوں کا پیشوا۔ بیٹی! اچھّی طرح غور کر کے جواب دو!

ضحاک۔ (غصہ سے) ''نہیں'' کہنا!!؟؟۔۔۔ ''نہیں''!! میرے حکم کے بعد ''نہیں'' کہتی ہے!! تُو؟؟

مہرو۔ (اپنے آپ) آہ!

خوب چہر۔ (ضحاک کے قدموں پر گر کے) ابّا جان! حکم دیجئے کہ مجھے قتل کر دیں! میرا سر کاٹ لیں! میری آنکھیں نکال لیں! مگر اِس پر اِس بات پر زبردستی نہ کریں! میں اِس معاملہ میں آپ کی مرضی پوری نہیں نہیں کر سکتی!!

ضحاک۔ (خوب چہر کو، ٹھوکر مار کر، دُور کرتے ہوئے) چل! میری آنکھوں کے سامنے سے دُور ہو!

مہرو۔ (رنج سے) آہ! بیچاری لڑکی!

پرویز۔ ہائے! ہائے!

موبدوں کا پیشوا۔ بیٹی! کیا سبب ہے؟ انکار کیوں کرتی ہو؟؟

پرویز۔ (اپنے آپ) آہ! اب کہہ دے گی!!

خوب چہر۔ میرا دل! آہ! میرا دل میرے قابو میں نہیں! میں اپنا دل دُوسرے کو دے چُکی!!۔۔۔ آہ! میں دوسرے سے محبت۔۔

ضحاک۔ انتہائی غصہ سے زمین پہ پاؤں مار کر) آہ! اُس نجس کُتّے کو ابھی کُچلا جائے گا!!

مہرو۔ (اپنے آپ) او خدا!!

فرہاد۔ (اپنے آپ) آہ! میرا کام تمام ہوا جاتا ہے!

موبدوں کا پیشوا۔ اچھّا! وہ کون ہے؟ جس سے تم محبت کرتی ہو! بیٹی!!

خوب چہر۔ نہیں بتاؤں گی!۔۔۔۔ اگر آپ وعدہ کریں کہ اُس کو کوئی تکلیف نہیں دی جائے گی تب بتاؤں گی!

ضحاک۔ دیکھو! اِس حرافہ کو! ہم سے شرطیں کراتی ہے! جلد بتا! ورنہ ابھی جلّاد کے حوالے کرتا ہوں!

مہرو۔ آہ!

فرہاد۔ (اپنے آپ) انشاء اللہ! نہیں بتلائے گی!

پرویز۔ (آگے بڑھ کر اپنے آپ کو ضحاک کے قدموں پہ گرا کے) عالی جاہ! اِس کو کچھ نہ کہیئے۔ سارا قصور مجھ بد بخت کا ہے! میں نے اِسے بہکایا ہے!!

فرہاد۔ (انتہائی مایوسی سے) فریاد! فریاد!!

ضحاک۔ (غصہ سے) تُونے۔۔؟؟؟

پرویز۔ ہاں! میں نے! اب میں حضور کے رحم پر ہوں! حکم دیجئے کہ میری گردن اُڑا دیں!۔۔۔۔ میں اِسی سزا کا مستوجب ہوں! سارا قصور میرا ہے! میں اِس سے محبت کرتا ہوں!۔۔۔۔ وہ بھی مجھ سے محبت کرتی ہے! ہم نے ساتھ جینے اور ساتھ مرنے کا عہد کیا ہے! ہم راضی ہیں جو چاہیئے سزا دیجئے!

ضحاک۔ میرے سامنے! اِس قدر جسارت؟؟۔۔۔ہمارے دیوتاؤں کے حضور میں اتنی جرأت؟؟

خوب چہر۔ (ضحاک کے قدموں پہ سر رکھ کر) ابا! ابا! قصور اس کا نہیں ہے! میرا ہے!!

ضحاک۔ (انتہائی غصہ سے) تجھے قحطان کے ساتھ شادی کرنی ہوگی!

خوب چہر۔ ابا جان! یہ نہ ہوگا! چاہے مجھے قتل کر ڈالئے!

ضحاک۔ کیا کہا؟ یہ ''نہ ہوگا''!۔۔۔یہ ضرور ہوگا! ٹھیر جا! ابھی تجھے اِس انکار کا مزہ چکھاتا ہوں!

خوب چہر۔ ابا جان! رحم! میں دیوانی ہوگئی ہوں! میرا دل میرے بس میں نہیں!

ضحاک۔ ٹھیر جا! میں تجھے بتاتا ہوں!

پرویز۔ قصور میرا ہے، عالی جاہ! قصور سارا میرا ہے!

ضحاک۔ تجھے بھی اِس نمک حرامی کا نتیجہ معلوم ہوگا!

فرہاد۔ (مایوسی سے ہاتھ ملتے ہوئے، ایک طرف ہو کر) ہائے!

مہرو۔ (اپنے آپ) بد نصیب لڑکی!! بیچارہ لڑکا!!

ضحاک۔ (چلّا کر) فرہاد!! (فرہاد کی طرف بڑھ کر) اِن دونوں کو قید کر دو! ہمارے معبودوں کو سب سے پہلے اِن کی قربانی دی جائے گی! (کھڑکی کی طرف جاتا ہے۔ موبد اور قحطان ایک طرف ہٹ جاتے ہیں)

فرہاد۔ (ضحاک کے پاؤں پڑ کر) رحم! عالی جاہ! کیجئے! معاف کر دیجئے! ابھی بچّے ہیں! میں اِن کو سمجھاتا ہوں!

ضحاک۔ (گرج کر) پکڑو! میں تم سے کہتا ہوں! (فرہاد ڈر کر پیچھے ہٹ جاتا ہے) قحطان! تم میرے ساتھ آؤ! (جانے لگتا ہے)

قحطان۔ (جاتے ہوئے غصہ سے پرویز کی طرف دیکھ کر) یہ میری مایوسی کا سبب ہوا! آہ! اگر انتقام نہ لوں!

(ضحاک اور اُس کے ساتھ قحطان، اور خادم باہر چلے جاتے ہیں)

فرہاد۔ (موبدوں کے پیشوا سے) آہ! کچھ آپ ہی سفارش کیجئے! یہ بچّے بے کس ہیں!

موبدوں کا پیشوا۔ ہم اِس معاملہ میں دخل نہیں دے سکتے! (موبدوں سے) آؤ! چلیں۔

(بائیں طرف سے باہر چلے جاتے ہیں)

دسواں نظارہ

(فرہاد ــــ پرویز ــــ مہرو ــــ خوب چہر)

خوب چہر۔ (پرویز کا ہاتھ پکڑ کر مایوسی سے) پرویز! ہماری آرزو تھی کہ ہم ساتھ جئیں! یا ساتھ مریں! آج یہ آرزو پوری ہوئی! ہم ساتھ مریں گے!

پرویز۔ بیشک! یہ بھی ہماری خوش نصیبی ہے! خاص کر میرے لئے تو بہت ہی زیادہ مسرت کا موقع ہے!۔۔۔۔ کیونکہ اس کے سوا مجھے کچھ اُمید نہ تھی!۔۔۔۔ تمہاری محبت میں جان دینا! ہائے! یہ کتنی بڑی نعمت ہے؟

فرہاد۔ (پرویز کے پاس جا کر مایوسی سے) آہ!۔۔۔۔ بیٹا!۔۔۔۔ یہ تم نے کیا کیا؟

مہرو۔ (خوب چہر سے) آہ! بیٹی! میں نے تمہیں کیسا کیسا سمجھایا! آخر اس مصیبت میں پھنسا دیا!!

پرویز۔ ابا! تم رنج نہ کرو! یہ ہمارے حق میں بہت بڑی دولت! ایک بہت بڑی خوش نصیبی ہے!

خوب چہر۔ بے شک! بہت بڑی خوش نصیبی! کیونکہ ہمارے جسم اگرچہ قید خانہ میں ہوں گے! مگر ہمارے دل، سراسر آزاد ہوں گے! اگر قتل کا حکم ہو گیا تو بھی اس

طرح ہماری، ایک دوسرے کے ساتھ مرنے کی آرزو پوری ہوگی! ہماری رُوحیں! دوسری دُنیا میں آزاد، اور ایک دوسرے کے ساتھ رہیں گی! ۔ ۔ ۔ ۔ کیونکہ امّی جان وہاں ظلم نہیں ہے! قید نہیں! قید خانہ نہیں ہے!

پرویز۔ وہ یہ خیال کرتے ہیں کہ ہمیں اِن غلیظ اور ناپاک کیڑوں کی (فرہاد اِدھر اُدھر دیکھتا ہے کہ کوئی سُن نہ لے) بھینٹ چڑھائیں گے مگر ہم ایک دوسرے کی محبت پر قربان ہوتے ہیں! اور اِس لئے یہ ہماری خوش نصیبی ہے!

مہرو۔ (روتے ہوئے) آؤ! (فرہاد کو الگ لے جا کر) فرہاد! للّٰہ! کوئی تدبیر سوچو! اگر اِس بچّی کے سر پر کوئی مُصیبت آئی تو میں بھی زندہ نہیں رہوں گی!

فرہاد۔ تم روؤ مت! ۔ ۔ ۔ ۔ خاموش رہو! (اپنے آپ) بے شک! میں چھڑا لوں گا! ۔ ۔ ۔ ۔ یہ بھی خدا کی قُدرت ہے کہ یہ خدمت میرے ہی سُپرد ہوئی! ۔ ۔ ۔ ۔ ایسا معلوم ہوتا ہے کہ قُدرت خود، اِس ہولناک ظلم کو برداشت نہیں کر سکتی! اور چاہتی ہے کہ ایران کا تاج و تخت پھر جمشید کی اولاد کو مل جائے! بے شک! بے شک! یہ فرض، میرے مقصد کو، آسان کر دے گا! ۔ ۔ ۔ ۔ آہ! اگر یہ خدمت کسی دوسرے کے سُپرد ہوتی تو ۔ ۔ ۔ ۔ تو، پھر کیا اُمید ہو سکتی تھی؟ ۔ ۔ ۔ ۔ بچاؤں گا! ہر طرح کی آفت و مصیبت، اپنے سر لیکر بچاؤں گا! ۔ ۔ ۔ ۔ مگر لڑکی کے بغیر وہ نہ مانے گا! دونوں کو

بچاؤں؟ بچاؤں گا! (پرویز اور خوب چہر سے) مایوس نہ ہو! میرے بچو! مایوس نہ ہو! دیکھو! کیا ہوتا ہے!!

مہرو۔ (اپنے آپ) اگر میں جانتی کہ فرہاد اب بھی ہمارے خاندان کا ہمدرد ہو گا تو یہ راز بتلا دیتی!۔۔۔۔ پھر شاید وہ، لڑکی کو کسی اور نظر سے دیکھتا۔ مگر میرے دل کو اطمینان نہیں!!

پرویز۔ ابا جان! تم اُس کے حکم کی تعمیل کرنا!

خوب چہر۔ ہاں! تم کیوں مُصیبت میں پھنسو؟

فرہاد۔ آہ!۔۔۔۔ اپنے ہاتھوں سے! اپنے ہاتھوں سے تمہیں قید کرنا!!!! (اپنے آپ) کیا کروں؟ وہ فرض!۔۔۔۔ ہاں وہ مقدس فرض! مجھے ہر ایک کام پر مجبور کرتا ہے!

خوب چہر۔ (مہرو کی گردن میں ہاتھ ڈال کر) الوداع!۔۔۔۔ امی جان الوداع!

مہرو۔ الوداع!۔۔۔۔ میری بیٹی!۔۔۔۔ مایوس نہ ہو! خدا نے چاہا تو یہ مصیبت ٹل جائے گی! تم بچ جاؤ گی!

خوب چہر۔ (جاتے ہوئے) الوداع! امی جان!

مہرو۔ (پرویز سے) بیٹا! آؤ! تم بھی میرے بیٹے کی جگہ ہو! (پرویز کو پیار کرتی ہے)

پرویز۔ (جاتے ہوئے اپنے آپ) یہ کیسی شفقت ہے!!

فرہاد۔ (اپنے آپ) ہائے! اگر اس بدنصیب عورت کو معلوم ہو!۔۔

مہرو۔ (فرہاد سے) فرہاد! خدا حافظ!

فرہاد۔ (ایک کا اِدھر سے ایک کا اُدھر سے ہاتھ پکڑ کر) آؤ! میرے بچو!

مہرو۔ (زار قطار روتے ہوئے،۔۔۔۔ دوڑ کر، بے اختیار، دونوں کو بغل میں لے کر) ہائے کہاں؟؟۔۔۔۔ اِن کو کہاں لے جاتے ہو؟؟۔۔۔۔ آہ! میرے بچو! تم ظالم کے پنجہ میں پھنس گئے!!

فرہاد۔ (مایوسی کے عالم میں دونوں کے ہاتھ پکڑ کر) ہائے!۔۔۔۔ تقدیر!! تقدیر!!

(پردہ گرتا ہے)

تیسرا منظر

(پہاڑوں کے بیچ میں ایک میدان، چاروں طرف خشک نالے، درخت، ٹیلے، جو دُور سے نظر آتے ہیں۔ صبح کا وقت ہے۔ آفتاب ابھی طلوع نہیں ہوا ہے کاشتکار دیہاتی وضع کی دستی لکڑیاں ہاتھ میں لئے ایک بڑے سے ٹیلہ پر بیٹھے ہیں پاس ہی دو تین کُتّے نظر آتے ہیں)

پہلا نظارہ

(قباد۔۔۔ نوذر۔۔۔ یزد۔۔۔ خسرو۔۔۔ فریبرز۔۔۔ شیرویہ)

نوذر۔ کیوں جی! اِس جگ کو کیا کہتے ہیں؟ آخر، ظلم کب تک جاری رہیگا۔۔۔؟

شیرویہ۔ یہی رنگ ڈھنگ رہا تو اِس حکومت کا خاتمہ سمجھو!۔۔۔۔ صبر کی بھی ایک حد ہوتی ہے!

خسرو۔ بھئی، خالی خولی باتوں سے کیا ہوتا ہے؟ دیکھو نا! آج اٹھارہ سال گُزر نے آئے اور ہم اِسی طرح چھُپ چھُپا کر نوروز منا رہے ہیں!

یزد۔ خدا سمجھے اِس مردود قحطان سے! کم بخت نے ہمارے سارے معبد ڈھا دیئے اور اُن کی جگہ اپنے مُوذی سانپوں کے پنجرے کھڑے کر دیئے! ہماری طرف بھی تو رُخ کیا تھا! مگر اُس وقت اُس کی فوج نے ہمّت ہار دی تھی!۔۔۔۔ خدا کا شکر ہے کہ ہم اُس کے پنجے سے بچ گئے۔۔۔۔!

نوذر۔ قباد! تم ہمارے بزرگ ہو! تم نے ہم سے زیادہ دُنیا دیکھی ہے! تمہارا اِس معاملہ میں کیا خیال ہے؟

قباد۔ میرے بیٹو! صبر کرو! صبر!

ظلم کی ٹہنی کبھی پھلتی نہیں!

ناؤ کاغذ کی کبھی چلتی نہیں!

نوذر۔ سچ ہے! مگر صبر کی بھی ایک حد ہوتی ہے!

قباد۔ ہاں بھئی! یہ تو سچ ہے کہ صبر کی ایک حد ہوتی ہے! مگر سوچو تو، وہ حد، ابھی کہاں آئی ہے؟ دیکھو نا! آج نوروز کا دن ہے! ہم اپنی مذہبی عبادت میں مصروف ہیں! فرق اِتنا ہی ہے نا! کہ پہلے اپنے معبدوں میں جا کر سر جھکُاتے تھے! اب چوروں کی طرح، اِن گھاٹیوں کو معبد بنانے پر مجبور ہیں! پھر! یہ تو کوئی حد نہیں ہوئی! یوں بھی، عبادت کے لیئے، یہ پہاڑیاں! یہ ہریاول، یہ پھل پھلاری، اور یہ قدرتی منظر زیادہ موزوں ہیں! ۔۔۔ ہمارے دھن دولت کو کوئی لوٹتا نہیں! ۔۔۔ مزے سے کھاتے پیتے ہیں! اور لمبی تان کر سو رہتے ہیں! غرض ہر طرح آرام سے ہیں!

فریبرز۔ بے شک! ہم تو آرام سے ہیں! مگر افسوس کہ جمشید کے نام لیوا دُنیا سے اُٹھتے جاتے ہیں جمشید کی لڑکی دُشمنوں کے پنجہ میں گرفتار ہے! فریدوں کا کچھ حال معلوم نہیں، اور نہ شائد معلوم ہو! جمشید کا نام روشن کرنے والا اب کون ہے؟

قباد۔ ہمارے دو ایک موبدوں کی باتوں سے تو ایسا معلوم ہوتا تھا کہ فریدوں کسی وادی میں رُو پوش ہے! اطمینان رکھّو! خدا نے چاہا تو کسی دن، باہر نکلے گا! اور جمشید کے مذہب کو زندہ کریگا! ہمیں ظالم کے ظُلم سے نجات دلائے گا!

نوذر۔ اُمید! خالی اُمید!!

قباد۔ خدا نے چاہا تو سب کچھ ہو گا!۔۔۔۔! یاد رکھو! جمشید کا خاندان، دُشمنوں کے مٹائے مِٹ نہیں سکتا!۔۔۔۔ نہیں مِٹے گا! صبر کرو! حوصلہ رکھو!! ہر چیز کا ایک وقت ہوتا ہے۔۔۔۔!

خسرو۔ بے شک! بے شک! صبر کے سوا اور ہم کر ہی کیا سکتے ہیں۔۔۔۔؟

یزد۔ بے شک! فریدوں کے انتظار میں ہم صبر کر سکتے ہیں! مگر رونا تو یہ ہے اُس وقت تک، ہمارے مذہب کے نام لیوا، اُن مُوذی کیڑوں کے غلام بن چکے ہوں گے!۔۔۔۔ پھر فریدوں کا آنا نہ آنا برابر ہے!

نوذر۔ سچ ہے!

قباد۔ ہمارے وطن کے لوگ، اِتنے گئے گُزرے بھی نہیں کہ آفتاب اور سانپ میں کچھ فرق نہ کریں! سانپ! ایک غلیظ کیڑا!! ایک ہولناک مُوذی جانور ہے! تمام جانوروں سے زیادہ مُوذی!!۔۔۔۔ جہاں اُس نے آدمی کی شکل دیکھی، اور پھنکار مار کر لپکا! اور آفتاب!۔۔۔۔ آفتاب! ایک نُور ہے! جس سے ساری دُنیا روشن اور منوّر ہو جاتی ہے! اس کی پاک اور شفاف کرنوں سے، زمین سے سبزہ اُگتا ہے! درخت ہرے بھرے ہوتے ہیں! اگر آفتاب! نہ ہوتا! تو دُنیا ایک خُشک ریگستان! ایک تاریک جہنم ہوتی! نہ گھاس سبز ہوتی، نہ حیوانوں کی پرورش ہو سکتی! (پہاڑی کی چوٹی پر سے آفتاب

کی ایک شعاع نمودار ہوتی ہے! سب کے سب بے انتہا مُسرّت سے شُکر گزاری کے انداز میں کھڑے ہو جاتے ہیں) لو وہ نکلا! لو وہ چمکا!! . . . اِس کے چمکتے ہی جاڑے کو گیا سمجھو! یہ آفتاب! نوروز کا آفتاب ہے! آج اِس سال کی بہار کا پہلا دن ہے! آج دُنیا کی پیدائش کا دن ہے!. . . . لو وہ نکلا! لو وہ چمکا!!
(سب کے سب آفتاب کی طرف منہ کر کے گاتے ہیں)

اے آفتاب!
اے طلوعِ آفتاب!
آفتاب! اے آفتاب!!

آج پھر نوروز کا دن آگیا!. . . . آگیا
آفتاب! اے آفتاب! اے خالقِ کُل کائنات
تیرے نورِ پاک سے روشن ہے بزمِ شش جہات!
زینتِ نوروز ہے تیری شعاعوں کی بہار!
تیری خلاقی کا مسکن ہے گلستانِ حیات!

چار سُو نورِ مُسرّت چھا گیا!!۔۔۔چھا گیا
آج پھر نوروز کا دن آ گیا!۔۔۔آ گیا
اے طلوعِ آفتاب!
آفتاب! اے آفتاب!

گردشِ ایّام، ہم پر مہرباں ہونے کو ہے!
مِلّتِ جَم کا ستارہ پھر جواں ہونے کو ہے!
نسلِ جمشیدی سے پھر اُٹھنے کو ہے اِک شیر مرد!
ظُلم اور ظالم کی ہستی بے نشاں ہونے کو ہے!
ہر طرف رنگِ بشارت چھا گیا!۔۔۔چھا گیا!
آج پھر نوروز کا دن آ گیا!۔۔۔آ گیا!
اے طلوعِ آفتاب!
آفتاب! اے آفتاب!!

بزم میں آئینِ جمشیدی مُسرّت ریز ہے!

دل میں آہنگِ پرستش، بیخودی انگیز ہے!
رنگ و بُوئے قُدس سے لبریز ہے ساری فضا!
سازِ ہستی کا ہر اِک پردہ ترنّم خیز ہے!
رُوئے فطرت پر تبسّم چھا گیا!۔۔۔۔چھا گیا!
آج پھر نوروز کا دن آگیا!۔۔۔۔آگیا!
اے طلوعِ آفتاب!
آفتاب! اے آفتاب!!

(سب کے سب ناچ گانے میں مشغول ہیں۔ بائیں طرف سے کاوہ اور اُس کے دونوں لڑکے آتے ہیں۔ کندھوں پر خالی بوریاں ہیں۔ مُنہ اور کپڑے، کوئلہ کی کالونس سے اٹے ہوئے ہیں)

دوسرا نظارہ

(پچھلے افراد ـــــ کاوہ اور اُس کے بچّے)

کاوہ۔ (کچھ دیر کاشتکاروں کی طرف دیکھنے کے بعد) آہ! تم کیسے خوش نصیب ہو کہ اِس آزادی سے عبادت کر رہے ہو! ہم شہر کے رہنے والوں کے تو سارے معبد توڑ دیئے گئے اور اُن کی جگہ سانپوں۔۔۔

قباد۔ (کاوہ سے) آؤ! بھائی! تم بھی آؤ! یہ مبارک دن مل جُل کر منائیں! شام تک خوب بھجن گائیں!

کاوہ۔ آہ! ہمارے نصیب میں آزادی کہاں۔۔۔؟ اگر جھُوٹوں بھی خبر ہو گئی تو موت کا سامنا ہے! نہیں! نہیں! تم گاؤ! ناچو! عبادت کرو! تم پہاڑوں کی چوٹی پر کھِلنے والے پھُول ہو! ہم توے کے نیچے کی راکھ ہیں!۔۔۔ دُنیا میں، ہمارے لئے محنت مشقّت کے سوا کچھ نہیں!۔۔۔ (بچّوں کا ہاتھ پکڑ کر) آؤ! میرے بیٹو! چلو! چلیں! کام تلاش کریں! رات کو بھوکے نہیں مرنا ہے!

قباد۔ (کاوہ کے بچوں کی طرف دیکھ کر) غریب بچے!۔۔۔۔ نوروز کے دن بھی تو نئے کپڑے نہیں!۔۔۔۔ آج بھی تو کام کی تلاش ہے!

کاوہ۔ (جاتے ہوئے) بھائیو! تم خوشی مناؤ! تم خوش نصیب ہو! کیونکہ ابھی ظالم کے ظلم سے محفوظ ہو!

(کاوہ جاتا ہے۔ دائیں طرف سے ایک لڑکی اور دس پندرہ بچے، پھول پتیوں کی بنی ہوئی ٹوپیاں پہنے، ایک دوسرے کا ہاتھ پکڑے، اوپر کا ترانہ گاتے، ناچتے ہوئے آتے ہیں)

تیسرا نظارہ

(پچھلے افراد ــــــ بچے)

کاوہ۔ (کسانوں کے بچوں کی طرف دیکھ کر، ایک بے اختیارانہ مُسَرَّت اور ممنونیت کے جوش میں) ہائے! دیکھو! دیکھو! ایسا معلوم ہوتا ہے آسمان سے فرشتوں کا ایک جھرمٹ اُتر آیا ہے!۔۔۔۔ کیسے ناچ رہے ہیں۔۔۔۔!

قباد۔ تم بھی اپنے بچّوں کو اجازت دو نا! تھوڑی دیر کھیلیں!۔۔۔۔ دیکھو! کس حسرت سے دیکھ رہے ہیں! جیسے فقیر!

کاوہ۔ (بچّوں کے کندھوں سے کوئلے کی بوریاں اُتار کر) جاؤ! میرے بیٹو! کچھ دیر تم بھی کھیلو! (بہرام اور رستم خوشی سے اُچھلتے ہوئے دوڑ کر ناچ کے دائرہ میں شامل ہو جاتے ہیں۔ کاوہ اپنی بوری بھی زمین پر رکھ کر ایک طرف بیٹھ جاتا ہے اور ایک جذبہ ء ممنونیت کے ساتھ اپنے بچّوں کی طرف دیکھتا ہے)

خسرو۔ (کاوہ سے) کیوں بھائی؟ بیٹھ کیوں گئے؟ اُٹھو نا! (کاوہ کا ہاتھ پکڑ کر اُٹھانا چاہتا ہے)

یزد۔ ہاں! ہاں! اُٹھو! آؤ! ہم بھی ناچیں!

(سب لوگ دائرہ بنا کر کچھ دیر ناچتے ہیں)

کاوہ۔ (تھوڑی دیر رقص کرنے کے بعد دائرہ سے نکل کر، بوری کندھوں پہ ڈال کر، بچّوں کے بازو پر ہاتھ رکھتے ہوئے) میرے بیٹو! تم بہت دیر کھیلے! تمھاری ماں، بیچاری منتظر ہو گی! آؤ! کوئلہ لے کر جلد چلیں! ورنہ آج فاقہ کرنا پڑے گا!

بہرام اور رستم۔ (ہم زبان ہو کر) چلیے بابا جان!

(اپنی بوریاں کندھوں پہ ڈال کر دائیں طرف چلے جاتے ہیں۔ پرویز بائیں طرف سے نمودار ہو کر کمالِ مایوسی اور غم کی حالت میں بچّوں کو رقص کرتے دیکھتا ہے)

چوتھا نظارہ

(کسان ——— بچے ——— پرویزؔ)

شیرویہ۔ (پرویز کو دیکھ کر) اوہو! پرویز!!

قباد۔ پرویز کی طرف دوڑ کر) آہ! میری جان! میرا بیٹا! (پرویز کو پیار کرتا ہے، تمام کسان پرویز کے گرد جمع ہو جاتے ہیں) بیٹا! تم آج کے دن خوب آئے! یہ مبارک دن اکٹھے منائیں گے!! (پرویز جواب نہیں دیتا! رنج و غم کے عالم میں چُپ چاپ کھڑا ہو جاتا ہے)

نوذر۔ آج کیا! اب اِن کو کئی روز نہ جانے دو!

یزد۔ مگر یہ پریشان کیوں ہیں؟

قباد۔ (اپنے آپ) دنیا میں اگر کسی سے مجھے محبت ہے تو وہ یہ لڑکا ہے!۔۔۔۔ یہ میرا لڑکا نہیں! لیکن، اگر کوئی میرا لڑکا بھی ہوتا! تو شاید میں اُس سے اِس قدر محبت نہ کرتا!۔۔۔۔ غریب لڑکا! مجھی کو اپنا باپ خیال کرتا ہے!۔۔۔۔ اِسے کچھ معلوم نہیں! جب اِسے میرے سپرد کیا گیا تھا تو یہ دو برس کا ننھّا بچّہ تھا!۔۔۔۔ آہ! میری بیوی اِسے دیکھ کر کتنی خوش ہوئی تھی!۔۔۔۔ اُسی ہفتہ ہمارے بچّہ کا انتقال ہوا تھا۔۔۔ (پرویز کو غمگین دیکھ کر پیار سے) بیٹا! اِس طرح کیوں کھڑے ہو؟۔۔۔۔ کھیلو کودو! آؤ! ناچو!

لڑکے۔ (پرویز کو دیکھ کر، اپنا کھیل چھوڑ چھاڑ کر، ایک دم چلّا کر) اوہو! پرویز!۔۔۔۔ (دوڑ کر پرویز کو گھیر لیتے ہیں، کوئی دامن پکڑ کر کھینچتا ہے، کوئی بازو پکڑ کر، سب کے سب، اُسے رقص کے دائرہ کی طرف لے جانا چاہتے ہیں)

پرویز۔ (لڑکوں سے پیچھا چھڑا کر ایک طرف جاتے ہوئے) مجھے چھوڑ دو!

لڑکے۔ (مایوس ہو کر ایک طرف ہٹ جاتے ہیں) آہ! کتنا! مغرور ہو گیا ہے!

قباد۔ بیٹا! کیا بات ہے؟

پرویز۔ (قباد کی گردن میں ہاتھ ڈال کر زار زار رونے لگتا ہے) ہائے! بابا جان!۔ بابا جان!! (کسان اور لڑکے حیران ہو کر دیکھتے ہیں)

قباد۔ بیٹا! تمہیں کیا ہوا؟ پرویز!

فریبرز۔ آہ! یہ ضرور ظالم کے ظلم میں گرفتار ہوگیا ہے!

قباد۔ کہو! کہو! بیٹا! یہ کیا حالت ہے؟

پرویز۔ آہ! بابا جان! میں نہیں کہہ سکتا! (روتا ہے)

قباد۔ الٰہی خیر! ۔ ۔ ۔ ۔ میرا معصوم لڑکا! ۔ ۔ ۔ ۔ بیٹا! تھوڑی دیر بیٹھو! آرام کرو! ذرا جی ٹھکانے ہو! (بیٹھ جاتا ہے۔ پرویز بھی اُس کے پہلو میں بیٹھ کر، اُس کے سینہ سے سر لگائے ہوئے روتا ہے) کہو! میرے بیٹے! تمہیں کیا ہو رہا ہے ۔ ۔ ۔ ۔ ؟

پرویز۔ آہ! بابا جان! ۔ ۔ ۔ ۔ کیا کہوں؟ ۔ ۔ ۔ ۔ کیونکر کہوں؟ ۔ ۔ ۔ ۔ میری زبان نہیں اُلٹتی!

خسرو۔ کوئی عجیب معاملہ ہے!!

قباد۔ (لڑکوں سے) تم جاؤ! بیٹا! جاؤ! کھیلو!

(لڑکے چلے جاتے ہیں)

پانچواں نظارہ

(پچھلے افراد۔۔۔۔بچوں کے سوا)

قباد۔ اب کہو بیٹا! تمہیں کیا تکلیف ہے؟ تم نے تو ہمیں پریشان کر دیا!

پرویز۔ ہائے، بابا جان! میں وہاں کیوں گیا تھا؟ تم نے مجھے وہاں کیوں بھیجا تھا؟

قباد۔ کیوں؟ میرے بیٹے! اُنہوں نے تمہارے ساتھ کیا کیا؟ تمہیں کیا تکلیف پہنچائی؟

پرویز۔ میرے قتل کا حکم ہوا ہے! بابا جان! میرے قتل کا!

قباد۔ ہائے!

کسان۔ خدا غارت کرے ظالم کو!

قباد۔ میں تمہیں بچاؤں گا، میرے بیٹے! میں بچاؤں گا!

پرویز۔ آہ! بابا جان! میری بجائے کل یا پرسوں ایک دوسرے کی جان جائے گی! ایک بے گناہ لڑکے کی! (رونے لگتا ہے!)

قباد۔ بیٹا! وہ کیسے؟؟

پرویز۔ میرے قید اور قتل پر فرہاد کو مقرر کیا گیا تھا۔ رات کو اُس نے مجھے قید سے نکال دیا اور کہا کہ اپنی جان لے کر بھاگو! ۔۔۔۔ ابّا جان اُس نے میری جگہ اپنے بیٹے کو۔۔۔۔

سب۔ اوہ غریب!

خسرو۔ کیسی عظیم قربانی!

پرویز۔ میں نہیں گوارا کرتا تھا ابّا۔ میں اِس طرح آزاد ہونا نہیں چاہتا تھا، میں نے دو مرتبہ قید خانہ میں واپس جانے کی کوشش کی، مگر اُس نے دروازہ بند کر دیا، اور مجھے کسی طرح اندر نہ جانے دیا۔ کہنے لگا اگر تم نہ گئے تو ہم تینوں کی جان جائے گی! جب میں نے دیکھا کہ وہ نہیں مانتا تو میں چلا آیا! مگر اب، جس دن اُس لڑکے کو قتل کیا جائے گا میں وہاں پہنچ جاؤں گا! اور اُس بیگناہ لڑکے کی جان بچاؤں گا! ۔۔۔۔ مجھے اپنی جگہ خود قتل ہونا چاہیئے! بابا جان!

قباد۔ آہ! نہیں! میرے بیٹے! اب تمہیں نہیں جانے دوں گا!

پرویز۔ (گھبرا کر) نہیں جانے دو گے؟ ۔۔۔۔ (کھڑا ہو کر) آہ! نہیں! میں جاؤں گا! میں ابھی جاؤں گا! اُف! میری بجائے ایک بیگناہ لڑکے کا قتل ۔۔۔۔! ۔۔۔۔ اور کیسا قتل؟ ۔۔۔۔ خود اُس کے باپ کے ہاتھوں! ۔۔۔۔ نہیں! نہیں! ۔۔۔۔ میں جاؤں گا!

۔ ۔ ۔ (کچھ سوچتا ہے) آہ، ہمارا، ایک دوسرے کے ساتھ مرنے کا وعدہ تھا! ۔ ۔ ۔ وہ مر جائے! اور میں زندہ رہوں؟ ۔ ۔ ۔ میں اپنی بجائے ایک اور بے گناہ لڑکے کو قتل کرا کے، بچ جاؤں؟ ۔ ۔ ۔ ۔ نہیں! یہ نہ ہوگا! یہ ہرگز نہ ہوگا! ۔ ۔ ۔ ہم دونوں ساتھ مریں گے! ۔ ۔ ۔ ۔ چھوڑو! بابا جان! مجھے چھوڑ دو! میں جاتا ہوں!

قباد۔ (غصہ سے) ممکن نہیں! میں نہیں جانے دوں گا!

پرویز۔ او میرے خدا! اُسے قتل کر دیں گے!۔ ۔ ۔ ۔ ہمارا ساتھ مرنے کا وعدہ تھا!

نوذر۔ وعدہ؟ ساتھ مرنے کا وعدہ؟؟ ۔ ۔ ۔ کچھ سمجھ میں نہیں آتا!

قباد۔ بیٹا! تم کس کے ساتھ مرنے کو کہتے ہو؟ تم نے کس سے وعدہ کیا ہے؟

پرویز۔ (دیوانہ وار) اُس کے ساتھ! ۔ ۔ ۔ ۔ اُس کے ساتھ! ۔ ۔ ۔ ۔ ہائے اُسے قتل کر دیں گے! ۔ ۔ ۔ میں جاتا ہوں! ۔ ۔ ۔ مجھے چھوڑ دو! ۔ ۔ ۔ ۔ ہم نے ساتھ مرنے کا عہد کیا ہے! ۔ ۔ ۔ ۔ وہ اپنے عہد پر قائم رہے اور میں عہد توڑ دوں! ۔ ۔ ۔ ۔ آہ! جس نے مجھ پر، میری خاطر! ہر چیز قربان کر دی ہے! ۔ ۔ ۔ ۔ میں اُس کے ساتھ، اپنا قول پورا نہ کروں! ۔ ۔ ۔ نہیں میں جاتا ہوں! جاتا ہوں ۔ ۔ ۔ ۔ مجھے چھوڑ دو!

قباد۔ وہ کون ہے؟ ۔ ۔ ۔ میرے بیٹے! ۔ ۔ ۔ ۔ جس کا تم کہتے ہو وہ کون ہے؟

پرویز۔ وہ! ۔ ۔ ۔ آہ! وہ! ۔ ۔ ۔ میں جاتا ہوں! ۔ ۔ ۔ مجھے چھوڑ دو!

قباد۔ وہ کون ہے؟۔۔۔۔ میرے بیٹے!۔۔۔۔ جس کا تم کہتے ہو وہ کون ہے؟

پرویز۔ وہ!۔۔۔۔ آہ! وہ!۔۔۔۔ میں جاتا ہوں!

قباد۔ کہو! میرے بیٹے! آخر وہ کون ہے؟

پرویز۔ وہ۔۔۔۔ خوب چہر!۔۔۔۔ ضحاک کی لڑکی!

قباد۔ وائے مصیبتا!

سب۔ ہائے! بیچاری لڑکی!

قباد۔ آہ! میری بد نصیبی!۔۔۔۔ میرے بیٹے! یہ کیا معاملہ ہے؟

پرویز۔ وہ مجھ سے محبت کرتی ہے! میں اُس سے محبت کرتا ہوں!۔۔۔۔ اُس کا ظالم باپ، چاہتا تھا کہ اُس کی قحطان سے شادی کر دے! مگر اُس نے نہ مانا! ہم نے آپس میں عہد کیا تھا کہ اگر اس انکار کا نتیجہ قتل ہوا تو، ہم دونوں ساتھ قتل ہوں گے!۔۔۔۔ چنانچہ ہم دونوں نے ضحاک سے سب کچھ کہہ دیا اور اُس نے غضبناک ہو کر حکم دیا کہ ہم دونوں کو قتل کر دیا جائے اور ہمارے سر کے بھیجے سانپوں کو کھلا دیئے جائیں۔۔۔۔

سب۔ خدا اُسے غارت کرے!

پرویز۔ آہ! آج یا کل اُس کو قتل کر دیا جائے گا! کیا اس صورت میں، میں بھاگ کر جان بچاؤں؟۔۔۔۔ نہیں! نہیں! کبھی نہیں!۔۔۔۔

قباد۔ بیٹا! وہ اُس کی اپنی لڑکی ہے اِنسان اپنے لختِ جگر کے قتل کا حکم نہیں دے سکتا! وہ اُسے معاف کر دے گا! تم فکر نہ کرو!

پرویز۔ آہ! بابا جان! تمہیں کیا معلوم؟ وہ کیسا ظالم ہے! رحم و شفقت کے لفظ تو اُسے قدرت نے سکھائے ہی نہیں!۔۔۔۔ وہ ضرور اپنی لڑکی کو قتل کرا دے گا!۔۔۔۔ ساتھ ہی اُس غریب لڑکے کی جان بھی جائے گی!۔۔۔۔ نہیں! نہیں!۔۔۔۔ مجھے ضرور جانا چاہیئے! میں ضرور جاؤں گا!۔۔۔۔

قباد۔ بیٹا! تم نے فرہاد سے کیوں نہ کہا؟ شاید لڑکی کے لئے بھی وہ کوئی صورت نکالتا!

پرویز۔ آہ! فرہاد نے مجھ سے اُس کی رہائی کا بھی وعدہ کیا تھا! مگر وہ کیونکر رہا کرائے گا! یہ اُس کے بس کی بات نہیں!

نوذر۔ بھئی، اِس میں تو کچھ شک نہیں کہ ضحاک کی لڑکی قتل نہیں کی جا سکتی! اور پھر وہ لڑکا بھی فرہاد کا ہے! اِس لئے دونوں کو رہا کر دیا جائے گا!

قباد۔ بے شک! ایسا ہی ہوگا!

پرویز۔ آہ! میں اِس پر یقین نہیں کر سکتا!

قباد۔ تم گھبراؤ مت!

پرویز۔ (انتہائی رنج سے) آہ! کیا اب مجھے ایک دفعہ بھی اُس کا دیدار نصیب نہ ہوگا!
(روتا ہے)

قباد۔ میرے بیٹے! مایوسی سے اُمید ہمیشہ اچھی ہوتی ہے! ۔ ۔ ۔ ۔ آج کا دن! ایک مبارک دن ہے! آؤ! ایک دفعہ سب مل جل کر، عبادت کریں! خدا نے چاہا تو ہماری مُراد پوری ہوگی!

پرویز۔ افسوس! تمہیں نہیں معلوم! کہ جمشید کے معتقدوں کا کیا حشر ہو رہا ہے؟ اُن کا مال اسباب، ضبط، اور اُن کی اولاد کو، سانپوں پر قربان کرنے کیلیئے گرفتار کیا جا رہا ہے!

سب۔ آہ! ظالم! خدا اُسے غارت کرے!

قباد۔ اب تو ظالم کا ظُلم برداشت سے باہر ہوا جاتا ہے! ۔ ۔ ۔ آؤ! ایک دفعہ تو اور جمشید کی عبادت کرلیں! کسی کو کانوں کان خبر نہ ہوگی!

سب۔ اُٹھو!

(پرویز کا بازو پکڑ کر اُٹھاتے ہیں۔ اور پچھلا ترانہ گاتے ہوئے، عبادت میں مصروف ہو جاتے ہیں بچے علیحدہ رقص کرتے ہوئے، بائیں طرف سے نمودار ہوتے ہیں۔ سب کے سب کچھ دیر اِسی طرح رقص میں مصروف رہتے ہیں۔ ۔ ایک ٹیلہ کی آڑ میں چھُپے ہوئے دس پندرہ مسلّح سپاہی، اُن کی طرف بڑھتے ہیں)

چھٹا نظارہ

(پچھلے افراد ـــــــ سپاہی)

قباد۔ (سپاہیوں کو دیکھ کر) آہ!۔۔۔۔ (رقص کا دائرہ توڑ دیتے ہیں)

افسر۔ جمشیدی مذہب کی عبادت کر رہے ہو! خوب!

خسرو۔ کیوں نہ کریں؟ جس طرح تم اپنی سانپوں کی عبادت کرتے ہو! اُسی طرح ہم بھی اپنی مذہبی عبادت کرتے ہیں!

افسر۔ سرکاری ممانعت کا حال نہیں سُنا تم نے!

خسرو۔ نہ ہم نے سرکاری ممانعت کا حال سُنا ہے نہ ایسی ممانعت کی ہمیں پرواہ ہے!

افسر۔ بہت خوب!

(بچّے بھی رقص چھوڑ کر، ایک طرف کھڑے ہو کر دیکھتے ہیں)

خسرو۔ ہاں! اِس لئے کہ ہر شخص اپنے دل کا مختار ہے!

افسر۔ ٹھیر جا! مختاری کا حال ابھی معلوم ہوا جاتا ہے! (سپاہیوں کو بچوں کی طرف اشارہ کر کے) پکڑ لو! ان کو!!

خسرو۔ خبردار۔ ۔ ۔ ۔ !

نوذر۔ نہیں پکڑ سکتے!

یزد۔ پہلے ہمیں قتل کر دو! اُس کے بعد۔ ۔ ۔ (سب کے سب اپنی لاٹھیاں سنبھال کر، سپاہیوں اور بچوں کے بیچ میں آ جاتے ہیں)

افسر۔ میں کہتا ہوں! پیچھے ہٹ جاؤ!

کسان۔ (ہم زبان ہو کر) نہیں! ہم یہیں کھڑے رہیں گے!

افسر۔ یہ بات ہے تو کھڑے رہو! (سپاہیوں سے) جاؤ! (ٹیلہ کی طرف اشارہ کر کے) وہ گائے، بکریاں، جو نظر آتی ہیں نا! اُن کو گھیر کے یہاں لے آؤ! (سپاہی جاتے ہیں)

خسرو۔ کاہے کے لئے؟ ان کا کیا ہوگا؟

قباد۔ (خسرو سے) لانے دو! جو چاہیں کریں! انسانوں سے بس نہیں چلتا، تو جانوروں کو پکڑتے ہیں!

شیرویہ۔ پکڑتے ہیں! میری گائے کو بھی پکڑ لے جائیں گے؟

یزد۔ میری بکریوں کو بھی؟؟

قباد۔ لے جانے دو! کُچھ پروا نہیں! ہم بچے کھُچے چوپایوں کو، آپس میں بانٹ لیں گے! اِتنے جانور، ظالم کے ظُلم پر قربان ہونے دو!

سب۔ ہائے! ہائے! (بچّے ڈرے، سہمے، ایک طرف کھڑے ہیں سپاہی چند گائیں، بکریاں، اور بھیڑیں گھیر کے لاتے ہیں)

شیرویہ۔ (دوڑ کر ایک گائے سے لپٹ کر چومتے ہوئے) آہ! ایک گائے کم ہو جائے گی!۔۔۔۔

یزد۔ (ایک بکری کو پیار کر کے) ہائے! میری بکری! میں نے کتنی محنت مشقّت سے اِس کی پرورش کی تھی!

فریبرز۔ (ایک بیل کا سر سہلاتے ہوئے) آہ! میرا بیل! میں اب جنگل سے لکڑیاں کا ہے پہ لاد کر لاؤں گا۔۔۔۔؟

نوذر۔ (ایک بھیڑ کو چمکار کر) آہ! میری بھیڑیں!

خسرو۔ ہائے! زبردستی، ہمارے مویشی چھینے لیتے ہیں!

قباد۔ چھیننے دو! لے جانے دو!

(سپاہی جانوروں کو گھیر کر لے جاتے ہیں)

ساتواں نظارہ

(پچھلے افراد ۔۔۔۔۔۔ سپاہیوں کے سوا)

قباد۔ (ایک طرف کھڑا ہوا بچوں سے جو ڈر کے مارے کانپ رہے ہیں) آؤ! میرے بچو!۔۔۔۔ آؤ!۔۔۔۔ خدا نے تمہیں ظالم کے پنجہ سے بچایا!۔۔۔ دُعا کرو!

خسرو۔ میں کبھی بچوں کو نہ لے جانے دیتا! چاہے وہ مجھے قتل ہی کیوں نہ کر دیتے!

۔ ۔ ۔ ۔

نوذر۔ بے شک! ہم نے اپنے جانوروں کو چھوڑ دیا مگر ہم اپنے بچوں کو نہیں چھوڑ سکتے تھے!۔ (ایک بچہ کو گود میں لے کر پیار کرتا ہے)

بچہ۔ ابا! ہماری بکریوں کو کہاں لے گئے ہیں؟ اب ہم دودھ کس کا پئیں گے؟

نوذر۔ کوئی ہرج نہیں! بیٹا! ہم دودھ نہیں پئیں گے!

ایک اور بچہ۔ (فریبرز سے) ہمارا بیل پکڑ کر لے گئے! ابا! اب ہم لکڑیاں کاہے پہ لاد کے لائیں گے؟

فریبرز۔ میں اپنے سر پہ اُٹھا کے لاؤں گا! بیٹا! (بچے اُداس ہو کر چلے جاتے ہیں)

خسرو۔ (قباد سے) صبح تم کہتے تھے کہ ہمارا دھن دولت کوئی نہیں لُوٹتا! کیا دھن دولت نہ لُوٹنا، اِسی کو کہتے ہیں؟ تم نے کہا تھا، ہم اپنی عبادت میں آزادی سے مصروف ہیں! کیا آزادی ایسی ہی ہوتی ہے؟

(قباد جواب میں نہایت رنج و غم کی حالت میں سر جھُکا لیتا ہے)

پرویز۔ میں تم سے نہ کہتا تھا کہ خاص فوجیں بھرتی کی گئی ہیں، اور اُن کو ہماری تباہی کے لئے مقرّر کیا گیا ہے! دیکھو! یہ اُنہی فوجوں کے سپاہی تھے یہ نہ سمجھو کہ وہ جانوروں ہی پر بس کریں گے اُن کو یہ بھی حکم ملا ہے کہ جمشید کے مذہب پر قائم رہنے والے لوگوں کے بچّوں کو بھی پکڑ کر لے جائیں، تاکہ اُن کو ضحاک کے معبودوں پر قربان کیا جائے!

نوذر۔ آہ! جب اُنہوں نے میرے بچّے کو پکڑا ہے! سچ کہتا ہوں مجھ سے اُس وقت صبر نہیں ہو سکتا تھا! میں مرتے دم تک اُس کو بچانے کی کوشش کرتا!

یزد۔ اور کیا اب نہ کرو گے؟ اگر آج اُنہوں نے چھوڑ دیا تو تم نے یہ کیسے سمجھ لیا کہ وہ پھر نہ آئیں گے! ہو سکتا ہے کل صبح ہی وہ پھر آ دھمکیں!

خسرو۔ چلو! وہ ہمارے بچّوں کو چھوڑ بھی دیں تو کیا ہے! آخر، ہمارے دوسرے بھائیوں کے بچّوں کو تو پکڑ کر لے ہی گئے ہیں! ۔ ۔ ۔ ۔ اِس کا کچھ نہ کچھ عِلاج ضرور سوچنا چاہیئے۔

قباد۔ عِلاج!۔۔۔۔ آہ! صبر کے سوا کوئی عِلاج نہیں!

خسرو۔ آہ! مایوسی کے عالم میں، دونوں ہاتھوں سے سر پکڑ کر بیٹھ جاتا ہے۔ (دُوسرے بھی گہری فکر میں ڈوب جاتے ہیں)

پرویز۔ (سوچتے ہوئے اپنے آپ) آہ! ۔۔۔۔ کاش کہ! مجھے پکڑ لے جاتے! ۔۔۔۔ میں ایک مرتبہ تو اور اُسے دیکھ لیتا! ۔۔۔۔ آہ! میں ایک دفعہ اور اُسے دیکھ سکتا تھا! کس درجہ بد نصیبی ہوگی، اگر میں دوبارہ وہاں نہ جا سکا! ۔۔۔۔ جس جگہ کبھی وہ چلتی پھرتی تھی، ۔۔۔۔ کاش اُس مبارک زمین پر میں اپنی آنکھیں مَل سکتا! ۔۔۔۔ آہ! یہ سبزہ زار! جنھیں میں کبھی اپنی جان کے برابر عزیز رکھتا تھا! یہ کوہسار، جن میں میری اتنی عمر گُزری ہے! اب تو میرے لئے قید خانہ سے بدتر ہیں! جہنّم سے بڑھ کر ہیں! ۔۔۔۔ آہ! میں اُس کے بغیر، زندہ نہیں رہ سکتا! ۔۔۔۔ نہیں زندہ رہ سکتا! ۔۔۔۔ نہیں! نہیں! ۔۔۔۔ جاتا ہوں! ضحاک کے پیروں پہ گِرتا ہوں۔۔۔۔ معاف کردے گا! کاش کے فراش بن کے رہوں! ۔۔۔۔ خادم بن کے رہوں! ۔۔۔ مگر وہاں رہوں! ۔۔۔ زیادہ نہیں! دن میں ایک مرتبہ، وہ صورت نظر آ جایا کرے! ۔۔۔۔ مگر۔۔۔۔ افسوس! میں یہ کیا کہہ رہا ہوں؟ ۔۔۔۔ میں کس کی صورت دیکھوں گا؟ ۔۔۔۔ آہ، وہ تو قید خانہ میں ہے! ۔۔۔۔ شاید۔۔۔۔ مگر۔۔۔۔ آہ!

(رونے لگتا ہے۔ کاوہ اپنے بچوں کے ساتھ، کوئلہ لئے، پسینہ پونچھتا ہوا دائیں طرف سے نمودار ہوتا ہے)

آٹھواں نظارہ

(پچھلے افراد__ کاوہ__ بہرام__ رستم)

کاوہ۔ (سر اونچا کر کے تعجب سے کسانوں کی طرف دیکھ کر) یہ کیا بات ہے؟ کہاں وہ صبح کی حالت وہ عبادت! وہ رقص!۔۔۔۔ کہاں یہ حال۔۔۔۔ کہ ہر ایک، ایک طرف بیٹھا ہوا سر جھکائے کچھ سوچ رہا ہے۔۔۔۔ (بچّوں کی طرف دیکھ کر) بچّوں کی بھی وہی حالت۔۔۔۔! عجیب بات ہے۔۔۔۔ (خسرو کے پاس جا کر اُس کی پیٹھ پہ ہاتھ رکھ کر) کیوں بھائی! یہ کیا بات ہے؟ وہ صُبح کے قہقہے چہچہے کیا ہوئے؟۔۔۔۔

خسرو۔ (سر اُٹھا کر) مت پوچھو! بھائی! مت پوچھو!

کاوہ۔ (قباد کے پاس جا کر) یہ کیا ہوا؟۔۔۔۔ یہ سنّاٹا کیوں ہے؟

قباد۔ (سر اُٹھا کر کاوہ کی طرف نظر کر کے) ظالم کا ظُلم!

کاوہ۔ (تعجب سے سب پر ایک نظر ڈال کر) کیا ہوا؟ خدا خیر کرے کیا ہوا؟

شیرویہ۔ لمبی چوڑی بات ہے!

کاوہ۔ میں بھی جب تک سُن نہ لوں گا، یہاں سے نہیں ہلوں گا! (بوری کو زمین پر رکھ کر بیٹھ جاتا ہے) بیٹھو! میرے بیٹو! (لڑکے بھی اپنی بوریاں زمین پر ڈال دیتے ہیں) اب تو، پوری بات سُن کر ہی جاؤں گا! (قباد سے) بابا! تم کہو! یہ تو بہت گھبرائے ہوئے ہیں! زبان سے پوری سی بات بھی نہیں نکلتی! تم اچھّی طرح کہہ سکتے ہو!

قباد۔ بیشک! مجھ پر کسی چیز کا بھی اثر نہیں ہوتا! مگر اِس وقت جبکہ اِن لوگوں کی راحت و مُسرّت کا تمام سامان غارت کر دیا جائے! اور اِن کی اولاد کو اِن سے چھین کر، ایک حقیر کیڑے کی بھینٹ چڑھا دیا جائے۔۔۔۔

کاوہ۔ (بات کاٹ کر اور غصّہ سے کھڑا ہو کر) آہ! اِن کے بچّوں کو بھی پکڑ لے گئے؟۔۔۔۔

قباد۔ نہیں!۔۔۔۔ اُن کو پکڑ کر لے جانا تو چاہتے تھے! مگر قابو نہ پا سکے! اگر ہم مقابلہ نہ کرتے تو مُوذی سب کو چُن چُن کر لے جاتے!

کاوہ۔ (غصّہ سے زمین پر پاؤں مار کر) آہ! ظالم! خدا اُسے غارت کرے!

نوذر۔ ہمارے بچّوں کو تو نہیں پکڑ سکے، لیکن ہماری بھیڑ بکریوں، اور گائے بیلوں کو چھین کر لے گئے اب ہم کیوں کر گُزر کریں گے؟

کاوہ۔ آدمی بھُوک سے مر نہیں جاتا! خدا روزی رساں ہے! یہی غنیمت ہے کہ وہ ہماری اولاد پر ہاتھ نہ ڈالیں۔۔۔۔ انسان! اِس دُنیا میں تمام چیزیں لُٹا سکتا ہے! تمام چیزوں کا نقصان اُٹھا سکتا ہے!۔۔۔۔ وہ کسی چیز کی پروا نہیں کر سکتا! مگر اولاد، ۔۔۔۔ اولاد کو، کھونا اُس کی برداشت سے باہر ہے! بکریوں پر جان دینا بیوقوفوں کا کام ہے!۔۔۔۔ مگر اپنی اولاد کی خاطر، اُن کے بچاؤ کی خاطر مرنا بہادری کا کام ہے! ۔۔۔۔ گائے بکریوں کے لئے، سچ یہ ہے کہ اتنا رنج کرنا ٹھیک نہیں!۔۔۔۔ (اپنے بچّوں سے) اُٹھو! میرے بیٹو! اُٹھو! چلیں!۔۔۔۔ (کسانوں سے) اب جبکہ تم نے اپنی اولاد کو بچا لیا ہے!۔۔۔۔ فکر کرنے کی جگہ خوشی مناؤ!۔۔۔۔ خدانخواستہ اگر وہ تمہارے بچّوں کو پکڑ کر لے جاتے تو، اُس وقت تمہارا غمگین ہونا بجا تھا!

یزد۔ مگر رونا تو یہ ہے کہ آج نہیں کل! کل نہیں پرسوں، پھر آ گئے، اور خدا نہ کرے اُن کو پکڑ کر لے گئے تو کیا ہوگا؟۔۔۔۔

کاوہ۔ اگر ایسا ہو تو جو نہ کرو کم ہے! مجھ سے بھی جو کچھ ہو سکے گا، کروں گا!۔۔۔۔ جب دیکھو! کہ وہ تمہاری اولاد پر ہاتھ ڈالنے والے ہیں تو مجھے بھی خبر کرنا۔۔۔۔ ہم اکٹھے اُن کا مقابلہ کریں گے!

قباد۔ آہ! تم ایک مرد آدمی ہو!

کاوہ۔ میں حق اور انصاف کے لیئے سب کچھ قربان کرنے کو تیار ہوں!

قباد۔ یہ بات ہے تو جس وقت بھی ہمارے بچوں پر مُصیبت آئی، ہم تمہارے پاس آئیں گے! تم پر کچھ زیادتی ہو تو تم یہاں آ جانا۔۔۔۔ ہم سے اور کچھ نہ بن پڑا تو اتنا تو ہو گا کہ آپس میں دل کو تسلی دے لیں گے!

کاوہ۔ بہت اچھا! (لڑکوں کی بوریاں اُن کے کندھوں پر رکھ کر) ذرا مجھے سہارا دینا (یزد کاوہ کو اُس کی بوری اُٹھانے میں مدد دیتا ہے۔ کاوہ جاتا ہے) تمہیں آج کے مُبارک دن اِس طرح غمگین نہیں ہونا چاہیئے! یہ مردانگی کے خلاف ہے۔ آج تو خوب ناچو کُودو، خوشی مناؤ! اور ہاں! دیکھنا! اگر کوئی بات ہو تو مجھے نہ بھولنا! فوراً خبر کرنا!

یزد۔ ضرور! ضرور!

کاوہ۔ خدا حافظ! بھائیو! (بچّوں سے) چلو! میرے بیٹو!

(بائیں طرف سے جاتے ہیں)

نواں نظارہ

(پچھلے افراد۔۔۔۔ کاوہ اور اُس کے بچوں کے سوا)

یزد۔ یہ لوہار ٹھیک کہتا ہے!۔۔۔۔ اگر ہماری بکریوں کو لے گئے تو کیا ہے؟ ہمارے بازو سلامت چاہئیں!۔۔۔۔ محنت مشقت سے گزر کریں گے!۔۔۔۔ بھوکوں تو مرنے سے رہے!۔۔۔۔ اِس پریشانی سے کیا فائدہ۔۔۔۔؟

نوذر۔ بچو! آؤ! کھیلو! کودو! (بچے اکٹھے ہو کر دائرہ بنا کر کھیلنا شروع کر دیتے ہیں)

یزد۔ (دوسرے کسانوں سے) فکر نہ کرو! فکر کس چیز کا ہے؟

خسرو۔ فکر کرنے سے کوئی نتیجہ نہیں نکلے گا! اور پھر آج کے سے مبارک دن تو فکر کرنا بھی گناہ سے کم نہیں!

(ایک ایک کر کے سب پچھلے ترانہ کو غمگین لہجہ میں گانے لگتے ہیں۔ کچھ دیر بعد دس بیس سپاہی نمودار ہوتے ہیں۔)

دسواں نظارہ

(پچھلے افراد۔۔۔ سپاہی)

افسر۔ دیکھیں! اب بھی ان لڑکوں کو نہ لے جانے دو!

کسان۔ (سپاہیوں کو دیکھ کر سب کے سب) آہ! (کھیل چھوڑ کر ایک طرف ہٹ جاتے ہیں)

افسر۔ (سپاہیوں سے) پکڑ لو! ان لڑکوں کو! میں بھی دیکھوں! یہ کیونکر بچاتے ہیں؟ (سپاہی بچوں کی طرف۔۔۔۔ جواب تک کھیل میں مصروف ہیں۔۔۔۔ بڑھتے ہیں، بعض بچے بھاگ جاتے ہیں، بعض پکڑے جاتے ہیں)

نوذر۔ او خدا! میرا بچّہ!

ایک بچّہ۔ ابّا! مجھے چھڑاؤ! مجھے چھڑاؤ!

نوذر۔ (عاجزی سے) رحم! رحم! مجھے قتل کر دو! مگر بچّہ کو چھوڑ دو!

افسر۔ (نوذر کو دھکّا دے کر) صبح تُو نے رحم کی درخواست نہ کی!! جا! اب بھی اپنی جماعت کا ساتھ دے! میں دیکھوں گا!

خسرو۔ نوذر کو غصہ سے پیچھے ہٹاتے ہوئے) ان نامردوں سے درخواست نہ کرو!

نوذر۔ ہائے! کیا کروں؟ میرا بیٹا! میرا بیٹا!

خسرو۔ میرا بھی تو بیٹا پکڑا گیا ہے!

خسرو کا لڑکا۔ ابّا!۔ ہمیں چھڑاؤ!۔۔۔۔ (سپاہی ہاتھوں سے بچّوں کا مُنہ بند کر لیتے ہیں)

خسرو۔ میرے بیٹے۔ خدا تمہیں چھڑائے گا!

قباد۔ (افسر سے) انصاف سے کام لو! انصاف سے! آخر ہمارا قصور کیا ہے؟

افسر۔ (سپاہیوں سے پرویز کی طرف اشارہ کر کے) اِس کو بھی پکڑو! (سپاہی پرویز کو پکڑنے کے لئے آگے بڑھتے ہیں)

قباد۔ (سپاہیوں کے پیچھے دوڑتے ہوئے) نہ کرو!۔۔۔۔ آہ! اتنا ظُلم نہ کرو! رحم!! (افسر سے) میں درخواست کرتا ہوں!۔۔۔۔ حکم دو! کہ اِس لڑکے کو چھوڑ دیں! ۔۔۔۔ یہ میرا اکلوتا بیٹا ہے!۔۔۔۔ آہ! دُنیا میں اِس کے سوا میرا کوئی نہیں!!

افسر۔ (قباد کو الگ کر کے) سامنے سے ہٹ جا!

خسرو۔ (سختی سے قباد کو پیچھے ہٹاتے ہوئے) درخواست نہ کرو! میں کہتا ہوں! اِن سے کوئی درخواست نہ کرو!

قباد۔ آہ!۔۔۔۔ میرا لڑکا۔۔۔۔ (روتا ہے)

پرویز۔ (سپاہیوں کے ساتھ قباد کے پاس سے گزرتے ہوئے) بابا جان! صبر! میں اپنی خوشی سے وہاں جاتا ہوں!۔۔۔۔ میں نے پہلے ہی سے اپنے دل میں مرنے کی ٹھان رکھی ہے!۔۔۔۔ الوداع!

قباد۔ ہائے! میرے بیٹے! (دوڑ کر پرویز کو سینہ سے لگا لیتا ہے۔ سپاہی زبردستی الگ کر دیتے ہیں۔ قباد نیچے گر پڑتا ہے) آہ!

شیرویہ۔ آہ! بس نہیں چلتا!

(سپاہی پرویز اور دوسرے بچوں کو پکڑ کر لے جاتے ہیں)

نوذر۔ آہ! میرا بچہ!

خسرو۔ آہ! میرا بیٹا!

گیارھواں نظارہ

(قباد ــ خسرو ــ نوذر ــ یزد ــ شیرویہ)

یزد۔ لوگو! یہ بھی مقدر میں بدا تھا!

شرویہ۔ آہ! ہم اُن کے پیچھے جائیں! اور بچوں کو اُن سے چھین لائیں! چلو! یا تو اُن کو ساتھ لے کر آئیں گے! یا اِسی کوشش میں قتل ہو جائیں گے!!

قباد۔ ممکن نہیں! وہ اکٹھے بیس ہیں!۔۔۔۔ ہائے! میرا بیٹا!

نوذر۔ میرا لڑکا!۔۔۔۔ آہ! میرے ایک لڑکے کو لے گئے!۔۔۔۔ نہیں! نہیں! اب مجھ سے ضبط نہیں ہو سکتا!۔۔۔۔ چلو! چلو! اُن کا پیچھا کریں!

خسرو۔ آؤ! پہلے اُس لوہار سے ملیں!۔۔۔۔ اگر اُس کے مشورہ سے کوئی صورت نکل آئی تو۔۔۔۔ خیر! ورنہ ہم اُن سے جا کے کہیں گے کہ پہلے ہمیں قتل کر دیں۔۔۔۔ ہم جیتے جی اپنی اولاد کو قتل ہوتے نہیں دیکھ سکتے!۔۔۔۔ نہیں برداشت کر سکتے!

یزد۔ بیشک! چلو! چلیں! لوہار کو ڈھونڈیں!

سب۔ بے شک! چلو!

(لاٹھیاں سنبھال کر چلنے کو تیار ہوتے ہیں)

قباد۔ (اپنی لاٹھی اُٹھا کر) آؤ! چلیں! خدا ہماری مدد کرے گا!

(جاتے ہیں)

(پردہ گرتا ہے)

چوتھا منظر

ایک لوہار کی دوکان۔۔۔۔ بیچ میں ایک بھٹی ہے۔ بھٹی کے پاس ایک چھوٹے سے گڑھے میں پانی بھرا ہے۔ بھٹی کے دائیں طرف ایک، اہرن اور اُس کے پاس ہی دو تین ہتھوڑے رکھے ہیں آس پاس، بہت سے توے اور ٹوٹے پھوٹے برتن بکھرے ہیں۔ پردہ اُٹھنے پر کاوہ کی بیوی مہربان، بھٹی میں کوئلے ڈال کر آگ دہکاتی نظر آتی ہے۔

پہلا نظارہ

(مہربان۔۔۔تنہا)

مہربان۔ (اپنے آپ) کوئلے ختم ہو گئے۔۔۔۔ کام کہیں سے نہیں آیا! ۔۔۔۔ (چھینکے کی طرف دیکھ کر) رات کو کھانے کیلئے روٹی بھی نا ہے۔۔۔۔ کھائیں

گے کیا؟۔۔۔۔اگر رُستم کے ابّا آ جاتے اور جھٹ پٹ، دو ایک سنڈاسیاں تیار کر دیتے تو رستم بزار(بازار) میں جا کے بیچ لاتا۔۔۔۔ایک روٹی بھی آتی تو ایک ایک ٹکڑا بانٹ کھاتے۔۔۔۔ ہائے! لو غریبی بھی کیا بُری بلا ہے!۔۔۔۔ دن بھر کام کرو! رات بھر کام کرو!۔۔۔۔اور پھر بھی پیٹ کے پتھرّ باندھ کے سو جاؤ!۔۔۔۔ ہم تو چلو، بھوکے بھی گُزر کر لیں۔۔۔۔ مگر بیچارے بچّے کہاں جائیں؟۔۔۔۔ ابھی ہارے تھکے آتے ہوں گے۔۔۔خالی پیٹ!۔۔۔۔آتے ہی روٹی مانگیں گے! (ایک دیگچی اُٹھا کر) تھوڑا سا دلیا تو رکھّا ہے، اُسی کو پکا رکھّوں!۔۔۔۔ روٹی بھی خدا بھیج دے گا! (کونہ میں سے ایک ٹوٹا ہوا پیالہ اُٹھا کر، دیگچی میں پانی ڈالتی ہے) روٹی اگر نہ بھی ملی تو بچّوں کا پیٹ تو اِس سے بھر ہی جائے گا! (دیگچی کو آگ پر رکھتی ہے) بچّوں کے آنے تک تو یہ پک پکا کے تیار ہو جائے گا!۔۔۔۔ ایک روٹی بھی ہوتی تو اچھّا تھا!۔۔۔۔کیا مصیبت ہے!۔۔۔۔آج کے سے مبارک دن بھی کام کرنا! تلاش کرنا! اور پھر بھی بھُوکا سونا! (ایک دو لوہے کے ٹکڑے اُٹھا کر) اِن کی دو سنڈاسیاں بن سکتی ہیں۔ اِن کی قیمت سے ایک روٹی آ جاتی!۔۔۔۔ مگر آج بِک بھی جائیں گی؟ الٰہی۔۔۔۔اب کب بنیں گی؟ اور کب بِکیں گی؟۔۔۔۔اگر کوئی گاہک نہ آیا تو آج بھی فاقہ کرنا پڑے گا!

۔۔۔۔

باہر سے کسی کی آواز۔ آہا! یہ رہی لوہار کی دوکان !۔۔۔۔

مہربان ۔ کوئی آیا تو!۔۔۔۔ خدا کرے کوئی گاہک ہو!۔۔۔۔

(دائیں طرف سے ایک دیہاتی، ہاتھ میں ایک ٹوٹی ہوئی کلہاڑی لئے، گھبرایا ہوا آتا ہے)

دُوسرا نظارہ

(مہربان ــــ دیہاتی)

دیہاتی ۔ (گھبراہٹ سے چاروں طرف نظر دوڑا کر) کہاں ہے ؟ کہاں ہے ؟

مہربان ۔ (ڈرتے ہوئے کپکپاتی ہوئی آواز میں) کون ؟ ۔۔۔۔ بھائی ! کسے پوچھو ہو؟

دیہاتی ۔ (جلدی سے دوکان کے اندر آکر) کہاں گیا ہے ؟ کہاں گیا ہے ؟

مہربان ۔ اُن کو پوچھو ہو؟ کسے پوچھو ہو؟ (اپنے آپ) گاہک کا ہے کو پوچھے ہے ؟ کہیں ہم پر کوئی مصیبت نہ آجائے !۔۔۔۔ (دیہاتی سے) کسے پوچھو ہو؟ مجھے بتاؤ نا؟

دیہاتی ۔ تم ؟ ۔۔۔۔ کچھ تم ہو؟ ۔۔۔۔ لوہار تم ہو۔۔۔۔ ؟

مہربان۔ میں نہیں (میرا شوہر ہے!)۔۔۔۔ کیا چاہیئے؟

دیہاتی۔ ہاں! ہاں! تمہارے شوہر سے کام ہے وہ کہاں ہے؟۔۔۔۔

مہربان۔ ابھی آئے جاتے ہیں!۔۔۔۔ ذرا ٹھیرو!

دیہاتی۔ ٹھیرنے کا وقت نہیں!۔۔۔۔ کیا یہاں کسی اور لوہار کی دوکان نہیں؟

مہربان۔ نہیں! نہیں! بس ابھی آیا ہی سمجھو!

(کلہاڑی زمین پر رکھ کر اُس کے پاس بیٹھ جاتا ہے) کیوں جی! تھوڑا سا پانی ہوگا!

مہربان۔ (پیالے میں پانی بھر کر دیہاتی کو دیتے ہوئے اپنے آپ) خدا کرے رُستم کے ابا جلدی آ جائیں۔ اِس سے دو تین پیسے ملیں گے تو روٹی آ جائے گی!

دیہاتی۔ (پانی پی کر پیالہ دیتے ہوئے) آہ!۔۔۔۔ (پیٹ کے ہاتھ لگا کر) اُف! میرا پیٹ خالی ہے۔۔۔۔ کچھ روٹی ہوگی۔۔۔۔؟

مہربان۔ (اپنے آپ) مجھ سے سب روٹی ہی مانگے ہیں!۔۔۔ (بلند آواز سے) روٹی تو ختم ہوگئی۔۔۔۔ ایک ٹکڑا بھی نہیں۔۔۔۔!

دیہاتی۔ اچھا تو، میں جاتا ہوں! تمہارا شوہر آئے۔ اتنے میں روٹی کھا آؤں!

مہربان۔ تمہارے آنے تک وہ بھی آ چکے ہوں گے! تم اپنی کلہاڑی چھوڑ جاؤ! وہ آتے ہی ٹھیک کر دیں گے، تم آؤ گے تو تیار ملے گی!

دیہاتی۔ (اپنی گٹھری اُٹھا کر) بہت اچھا! (کلہاڑی کی طرف اشارہ کرکے) دیکھو! یہ اس جگہ سے ٹوٹی ہے! اس طرح جوڑے کہ بند کھُلنے نہ پائے!

مہربان۔ (کلہاڑی کو ہاتھ میں لے کر غور سے دیکھتے ہوئے) بہت اچھا! بہت اچھا!

دیہاتی۔ مگر دیکھنا! دیر نہ ہو! مجھے بہت جلدی ہے! ۔۔۔۔ اس سے پہلے وہ کسی کام کے ہاتھ نہ لگائے!

مہربان۔ بہت اچھا! (اپنے آپ) دُوسرا کام ہی کاں (کہاں) ہے؟

دیہاتی۔ (جاتے ہوئے) میں آؤں تو تیار ملے!

مہربان۔ اچھا! اچھا!

(دیہاتی جاتا ہے)

تیسرا نظارہ

(مہربان ــــــ تنہا)

مہربان۔ (اپنے آپ) اللہ پاک کسی کو بھوکا نہیں رکھتا! ۔۔۔ اس کی مزدوری کے پیسوں سے آج رات کی روٹی تو آ جائے گی! کل کا بھی اللہ مالک ہے! ۔۔۔ اتنے میں

اِسے تپا لوں! ۔ ۔ ۔ ۔ رُستم کے ابّا آئیں تو جھٹ سے تیار کر دیں! (کلہاڑی کو کوئلوں پر رکھ کر، دھونکنی سے ہوا دیتی ہے) ۔ ۔ ۔ ۔ پہلے تو کام کا کال نہیں تھا! دونوں وقت کی روٹی کا گُزر ہو جاتا تھا! ۔ ۔ ۔ ۔ اب اللہ جانے کیا ہو گیا ہے؟ ۔ ۔ ۔ ۔

(پاؤں کی چاپ سُنائی دیتی ہے) آہا! رستم کے ابّا آ گئے!

(کاوہ بچّوں کے ساتھ تھکا ہارا داخل ہوتا ہے)

چوتھا نظارہ

(کاوہ ___ مہربان ___ بہرام ___ رستم)

کاوہ۔ (مہربان سے) ذرا بوری اُتروانا (مہربان بوری اُتارنے میں مدد دیتی ہے)

مہربان۔ کوئلہ دس بارہ دن تو کافی ہو گا!

کاوہ۔ (بچّوں کی بوریاں اُتارتے ہوئے) کیا کریں کام ہی نہیں ملتا کہ ۔ ۔ ۔ ۔ (بچوں سے) میرے بیٹو! تھک گئے ہو گے!

بہرام ۔ نہیں ابا! ہم بالکل نہیں تھکے!

رُستم ۔ تھکے تو نہیں مگر بھوک لگی ہوئی ہے۔۔۔

مہربان ۔ (رُستم کو بغل میں لے کر) آہ! میرا بیٹا!

کاوہ ۔ (مہربان سے) روٹی ہے کچھ؟

مہربان ۔ (اُداسی سے) ایک ٹکڑا بھی نہیں!

کاوہ ۔ (دونوں بچوں کو بغل میں لے کر) آہ! میرے بیٹو! تم تھکے ہوئے بھی ہو اور بھوکے بھی!

بہرام ۔ کوئی بات نہیں ابا جان! اگر ہو تی تو کھا لیتے! اگر نہیں تو صبر کریں گے!

کاوہ ۔ (بہرام کو پیار کرکے) میرا بیٹا! بہت عقلمند ہو گیا ہے اب! (رستم سے) میری چھوٹی بٹیا! تجھ میں بھوک کی ہمت نہیں! تُو ابھی بہت چھوٹی سی ہے!

رستم ۔ اگر آگئی! تو کھالوں گا بابا جان!

کاوہ ۔ (رستم کو پیار کرکے) میرا چاند! میرا بیٹا!

مہربان ۔ ایک آدمی یہ کلہاڑی دے گیا ہے۔ ذرا جلدی سے بنا دو! ایک گھڑی میں واپس آنے کو کہہ گیا ہے۔۔۔ مگر تم تو تھکے ہوئے ہو!

کاوہ۔ تکان کی پروا نہیں! بچے بھوکے ہیں۔ (جلدی سے بھٹّی کی طرف آکر کلہاڑی کو اُٹھاتا ہے اور اہرن پہ رکھ کر بڑے ہتھوڑے سے کُوٹنا شروع کرتا ہے)

مہربان۔ (بچّوں کو دیگچی بتا کر) یہ دیکھو! میرے بچّو! اِس میں دلیا پک رہا ہے۔ ابھی وہ کلہاڑی کا مالک آ کے اِس کی مزدوری دے گا تو روٹی بھی کھا لینا!

کاوہ۔ میرے بیٹو! کام میں لگ جاؤ گے! تو تھوڑی دیر بھوک کا خیال جاتا رہے گا۔ آؤ! ہم تمھیں ایک کام بتائیں (دو چار لوہے کے ٹکڑے دے کر) اِن کو مانجھ کے صاف کر لو! ذرا!

بہرام اور رستم۔ (ہم زبان ہو کر) بہت اچھا! ابّا جان! (لوہے کے ٹکڑوں کا زنگ اُتارنا اور اُن کو صاف کرنا شروع کر دیتے ہیں)

کاوہ۔ (مہربان سے ذرا تم دھونکنی کے پاس آ بیٹھو!

مہربان۔ بہت اچھا! بھٹّی کے پیچھے جا کر دھونکنی ہلاتی ہے)

کاوہ۔ (آگ میں سے کلہاڑی نکالتا ہے اور گڑھے میں سے چُلّو میں پانی لے کر آگ پہ چھڑکتے ہوئے) رات دن کام تلاش کرنا، اور پھر بھی بھُوکے رہنا! ۔ ۔ ۔ ۔ پیٹ کے گزارے لائق بھی تو روٹی نصیب نہیں ہوتی! ۔ ۔ ۔ ۔ آہ! تقدیر! ۔ ۔ ۔ ۔ تلاش! دن رات تلاش!!

مہربان۔ کیوں جی! پہلے تو کام اتنا مندا نہ تھا! روٹیوں کے لائق پیسے آ ہی جاتے تھے! اَب کیا ہو گیا ہے؟ جو کام ملتا ہی نہیں!

کاوہ۔ اَری اب کام آئے کہاں سے؟ بیچارے کسانوں، چرواہوں، اور دیہاتیوں کا کام آتا تھا! اَب وہ۔۔۔۔ بیچارے۔۔۔۔ مگر خیر!۔۔۔۔ ہمیں اپنے کام سے کام ہے!

مہربان۔ (دھونکنی چھوڑ کر) کیا کہو ہو؟ میں کچھ نا سمجھی!

کاوہ۔ کچھ نہیں! ہمیں اپنے کام سے کام ہے! ذرا دھونکنی سنبھالو!

مہربان۔ نہیں، مجھے بتلاؤ! اَب کیوں کام نہیں آتا!

کاوہ۔ یہ نہ پوچھو!۔۔۔۔ اِس وقت ہمیں اپنا کام کرنے دو! بیچارے کسانوں کے مویشی چھن گئے! اَب وہ اوزار کاہے کے لئے بنوائیں؟ بال بچّوں کا دھیان رکھنے سے اُن کو فرصت ہی کہاں ملتی ہے؟ کلہاڑی بسولے کا کیا کریں؟

مہربان۔ اجی! میری سمجھ میں تو تمہاری بات نا آئی! کیا کہو ہو تم؟

کاوہ۔ چلو اِن باتوں کو جانے بھی دو!

مہربان۔ اچھّا جی!۔۔۔۔ مگر میں جانوں کوئی بات ہے اِس میں!

کاوہ۔ کوئی بات نہیں!۔۔۔۔ نہ جانے میرے مُنہ سے کیا نکل گیا تھا؟

رستم۔ (جس ٹکڑے کو اُس نے صاف کیا ہے، بہرام کو بتا کر) دیکھو! میں نے صاف براق کر لیا۔ تم نے ابھی زنگ بھی نہیں اُتارا! ۔ ۔ ۔ ۔ (باپ کو دِکھاتا ہے) ابّا جان! میں نے صاف کر لیا!

کاوہ۔ (رُستم کو پیار کر کے) شابش! میرے بیٹے! (کلہاڑی کو آگ میں سے نکال کر، اہرن پہ کُوٹنا شروع کر دیتا ہے۔ مہربان دیگچی کے پاس جا کر، چمچہ سے دلیا نکال کر نمک چکھتی ہے۔ پھر دھونکنی کے پاس آ بیٹھتی ہے)

کاوہ۔ (تین چار مرتبہ کلہاڑی کو آگ میں سے نکال کر، اور کُوٹ پیٹ کر، پانی میں بھگونے کے بعد) لو! یہ بھی ٹھیک ہو گئی! (ایک طرف رکھ دیتا ہے)

مہربان۔ (دھونکنی چھوڑ کر کاوہ کے پاس آ جاتی ہے) آج کی روٹی کا تو بندوبست ہو گیا۔ ۔ ۔ ۔ اللہ کرے کل بھی کام مل جائے! ۔ ۔ ۔ ۔ (دیہاتی دائیں طرف سے آتا ہے) آہا! وہ کلہاڑی کا مالک آ گیا!

پانچواں نظارہ

(پچھلے افراد ــــ دیہاتی)

دیہاتی۔ تیّار ہے ؟

کاوہ۔ (کلہاڑی اُٹھا کر دیتے ہوئے) حاضر !

دیہاتی۔ (کلہاڑی کو اچھی طرح دیکھ بھال کر) کتنے پیسے دوں ؟

کاوہ۔ جو طبیعت چاہے دے دو! دیہاتی دو آنہ دیتا ہے) خدا برکت دے ! (دیہاتی جاتا ہے)

چھٹا نظارہ

(کاوہ ــــ مہربان ــــ بہرام ــــ رستم)

کاوہ۔ (بہرام کو پیسے دے کر) لو! بیٹا! لپک کے ایک روٹی لے آؤ!

بہرام۔ (پیسے لے کر جاتا ہے) بہت اچھا!

رستم۔ میں بھی جاؤں؟ اَبا!

کاوہ۔ جاؤ! بیٹا!

رستم۔ (اُٹھ کے بھاگتا ہے) بھائی جان! ٹھیرئیے! میں بھی آیا! (اکٹھے جاتے ہیں)

ساتواں نظارہ

(کاوہ ــــ مہربان)

کاوہ۔ (بچوں کے پیچھے نظر دوڑاتے ہوئے مہربان سے) خدا عمر دراز کرے!۔۔۔ دُنیا میں ہمارے پاس کچھ بھی نہیں! تو کیا غم ہے؟۔۔۔۔ یہ دو لڑکے جو ہیں!۔۔۔۔ خدا ظالم کے ظُلم سے محفوظ رکھے!

مہربان۔ ظالم کا ظُلم کیسا؟ میں کچھ سمجھی نہیں!

کاوہ۔ سمجھنے کی کیا بات ہے؟۔۔۔۔ میں یہ کہہ رہا تھا کہ خدا نے دُنیا بھر کی نعمتوں کے بدلے ہمیں یہ دو لڑکے دیئے ہیں!

مہربان۔ یہ تو میں سمجھی!۔۔۔۔ مگر تم نے ظالم کا ظلم بھی تو کہا تھا!۔۔۔۔ یہ ظلم کیسا؟

کاوہ۔ ہاں! میں نے کہا تھا خدا ہماری اولاد کو ظالم کے ظلم سے بچائے!

مہربان۔ ہاں! میں اسی کو تو پوچھوں ہوں! یہ تم نے کیوں کہا تھا؟۔۔۔ ظلم کس کو کہو ہو تم؟

کاوہ۔ یہ جو لوگ ظلم کرتے ہیں!

مہربان۔ مگر بچوں پہ کیسا ظلم۔۔۔۔؟

کاوہ۔ کیسا بھی نہیں! پیار کے جوش میں میری زبان سے یونہی نکل گیا!

مہربان۔ نہیں!۔۔۔۔ اس میں کچھ بات ہونی ہے۔۔۔۔ صبح سے اب تک میں دیکھ رہی ہوں، تم اپنے آپ کبھی باتیں کرو ہو! پھر آپ ہی کچھ سوچنے لگو ہو!۔۔۔۔ میں ڈروں ہوں!۔۔۔۔ کہیں کوئی مصیبت نہ آجاوے، ہماری جان پر۔۔۔۔ تم ایسی ویسی باتوں میں کیوں پڑا کرو ہو؟۔۔۔۔ تمہیں ان جھگڑوں سے کیا کام ہے؟

کاوہ۔ (غصہ سے) مجھے کیا کام ہے۔۔۔۔!؟ کیا کہا؟؟

مہربان۔ دیکھونا!۔۔۔۔ ہم ٹھیرے غریب آدمی!۔۔۔۔ ہمیں اپنے پیٹ پالنے کے دھندوں سے مطلب! ۔۔۔۔ بڑے کاموں میں پڑنے سے تمہیں کیا مطلب۔۔۔۔؟

کاوہ۔ کیوں؟ مطلب نہیں؟۔۔۔۔ میرا اپنا فائدہ بھی تو اِسی میں ہے۔۔۔۔ پھر مجھے کیوں مطلب نہ ہوگا!۔۔۔۔ صبح سے اب تک تم نے کتنی دفعہ کام مندا ہونے کا رونا رویا ہے۔۔۔۔ کام مندا ہونے کی وجہ بھی وہی ظالم کا ظُلم ہے۔۔۔۔!

مہربان۔ اب پھر وہی پہیلیوں میں باتیں کرنے لگے!۔۔۔۔ میں پوچھوں ہوں یہ ظالم کا ظُلم کیسا؟

کاوہ۔ آگ پہ سے دلیا اُتار لو!۔۔۔۔ بچّے آتے ہوں گے!

مہربان پھر بات کاٹ دی تم نے۔۔۔۔ بتاؤ نا!

کاوہ۔ جاؤ! دلیا نکالو!

مہربان۔ نہیں! میں سُنے بغیر نہیں جانے کی!۔۔۔۔ پہلے بات بتاؤ! مجھے!

کاوہ۔ عورتوں کے سُننے کی بات نہیں!

مہربان۔ معلوم ہوا۔ کوئی نہ کوئی بات ضرور ہے!۔۔۔۔ بتا بھی دو! کیا بات ہے؟

کاوہ۔ اچھّا! میں بتاتا ہوں!۔۔۔۔ مگر پہلے اقرار کرو کہ گھبراؤ گی نہیں!

مہربان۔ خدا خیر کرے! کوئی گھبرا دینے والی بات ہے!۔۔۔۔ بتاؤ! وہ کیا بات ہے؟
کاوہ۔ بہت اچھا! اب تم مانتیں ہی نہیں تو بتاتا ہوں!۔۔۔ ضحاک نے ایک خواب دیکھا ہے! موبدوں نے اُس کی تعبیر یہ بتلائی ہے کہ روز دو بچوں کا سر کاٹ کر، اُن کا بھیجا اپنے معبودوں کو کھلایا جائے۔۔۔۔

مہربان۔ ہائے! ہائے! یہ اندھیر!
کاوہ۔ یہ ہے وہ ظالم کا ظُلم۔۔۔۔ جس کا میں کہتا تھا! خدا ہمارے بچوں کی حفاظت کرے!

مہربان۔ وہ موبد بھی اپنے آپ کو آدمی کہے ہیں، جنہوں نے خواب کی ایسی تعبیر بتلائی ہے؟۔۔۔۔ اور اس تعبیر کے ماننے والوں کو تو کیا کہوں! خدا موذیوں کو غارت کرے! ان کا ستیاناس ہی جائے۔۔۔۔!

کاوہ۔ چُپ۔۔۔۔ چُپ۔۔۔۔ ہمارے گھر میں بچے ہیں۔۔۔۔ ہمیں اپنی زبان بند رکھنی چاہئے۔۔۔۔

مہربان۔ تو کیا ہمارے بچوں کو بھی۔۔۔۔ ہائے کیا ہمارے بچوں کو بھی پکڑ لیں گے؟۔۔۔۔

کاوہ۔ جن بچّوں کا سر قلم کیا گیا ہے۔۔۔۔ وہ بھی ہم جیسے لوگوں ہی کے بچّے ہیں۔۔۔۔

مہربان۔ ہائے!۔۔۔۔ یہ کیا کہو ہو!

کاوہ۔ (غمگین ہو کر) آہ!۔۔۔ آج صبح تم دیکھتیں!۔۔۔۔ پہاڑ پر، بیچارے کسانوں کے مویشی چھیننے کے بعد، اُن کے بال بچّوں کو بھی پکڑ کر لے جانا چاہتے تھے! ۔۔۔ آہ! اُن کی اولاد کو!۔۔۔ سمجھی؟ اُن کے کلیجہ کے ٹکڑوں کو پکڑنا! اور سانپوں کو کھِلا دینا۔۔۔ اُف! اُف! انسانوں کو سانپوں پر قربان کر دینا!۔۔۔۔ ذبح کر دینا! ۔۔۔۔ ہائے۔۔۔۔

مہربان۔ رستم کے اَبا!۔۔۔۔ کیا کہو ہو۔۔۔۔ ؟ کیا سچ ہے؟۔۔۔۔ ہائے! کیا ہمارے بچّے بھی۔۔۔۔ کیا اُن کو بھی پکڑ لیں گے۔۔۔۔ اُن کو بھی سانپوں۔۔۔۔ ہائے! ہائے! (رونے لگتی ہے)

کاوہ۔ میں نے اللہ کے حوالے کیا!۔۔۔۔ اللہ اُن کا حافظ و ناصر ہے!

مہربان۔ اللہ کی سوں (قسم)! اب میں اُن کو ذرا سی دیر کے لئے بھی، باہر نہیں جانے دوں گی!۔۔۔۔ اللہ نا کرے، اللہ نا کرے۔۔۔۔ اگر ان کے دُشمنوں پہ کوئی مصیبت آئی! تو۔۔۔۔ ہم کیونکر زندہ رہیں گے؟۔۔۔۔

کاوہ۔ چُپ رہو۔۔۔۔ بچّے آرہے ہیں۔۔۔۔

(بہرام اور رستم ایک ایک روٹی ہاتھ میں لئے ہوئے داخل ہوتے ہیں)

آٹھواں نظارہ

(کاوہ۔۔۔۔ مہربان۔۔۔۔ بہرام۔۔۔۔ رستم)

مہربان۔ (بے اختیار دوڑ کر بچّوں کو لپٹا کر رونے لگتی ہے) ہائے! میرے بچّو!۔۔۔۔ خدا تمہیں ظالم کے ظُلم سے بچائے!

کاوہ۔ مہربان!!!

بہرام۔ امّی جان!۔۔۔۔ کیا بات ہے۔۔۔۔؟ تمہیں کیا ہو رہا ہے؟

رُستم۔ امّی جان! تم رو کیوں رہی ہو؟

کاوہ۔ مہربان! کیا کر رہی ہو؟ میں نے یہ کہا تھا کہ یوں کرنا؟؟

مہربان۔ ہائے! میں کیا کروں؟ میرا دل نہیں مانتا!۔۔۔۔ خدا نہ کرے۔۔۔۔

کاوہ۔ چُپ۔۔۔۔ چُپ۔۔۔۔!

بہرام ۔ امّی جان! تمہیں کیا ہوا؟

مہربان ۔ کچھ نہیں ۔ ۔ ۔ ۔ بیٹا! کچھ نہیں!

رستم ۔ تو پھر، امّی جان روتی کیوں ہو؟

بہرام ۔ یوں تو کوئی نہیں روتا!

کاوہ ۔ مہربان! دیکھو! دیکھو! تم بچّوں کو ڈرا رہی ہو! ۔ ۔ ۔ ۔ (بچّوں سے) میرے بیٹو! عورتوں کی آنکھوں میں آنسو زیادہ ہوتے ہیں! ۔ ۔ ۔ ۔ تم اِن کا خیال نہ کرو! یہ ویسے ہی رو رہی ہے! (بچّے سہمی ہوئی نظروں سے دیکھتے ہیں)

مہربان ۔ (اپنے آنسو پونچھ کر بچّوں کی آنکھوں کو چومتے ہوئے) کچھ نہیں! میرے بیٹو! ۔ ۔ ۔ ۔ کچھ نہیں ۔ ۔ ۔ ۔ مجھے تمہاری بھُوک کا خیال آگیا تھا! ۔ ۔ ۔ ۔ اِسی کے مارے میرے آنسو نکل آئے!

بہرام ۔ تو امّی جان! ہم بھُوکے کہاں رہیں گے؟ ابھی روٹی جو لائے ہیں!

کاوہ ۔ (مہربان سے) تم جاؤ! دلیے کو دیکھو! پکا، یا نہیں؟ پک گیا ہو تو چولھے پر سے اُتار لو! بڑے زور کی بھوک لگی رہی ہے ۔

مہربان۔ (چولہے کے پاس جا کر دیگچی میں دیکھ کر) پک گیا۔ (دیگچی کو نیچے اُتار کر رکھتی ہے۔ پیالوں میں دلیا نکالتی ہے پھر روٹی کے ٹکڑے دسترخوان پر رکھتی ہے) آؤ! میرے بیٹو! کھانا کھائیں! (بچے روٹی کے پاس آ کر کھانا شروع کرتے ہیں)

رستم۔ اَبا! صبح وہ لڑکے کیا اچھا کھیل، کھیل رہے تھے!

کاوہ۔ خبردار! بیٹا! تم ویسا کھیل نہ کھیلنا! نہیں تو تمہیں سانپوں کے آگے ڈال دیں گے!

رستم۔ سانپوں کے آگے کیوں ڈال دیں گے اَبا؟؟

کاوہ۔ دیکھنا! جو لڑکے ویسا کھیل کھیلتے ہیں اُن کو سانپوں کے پنجرہ میں بند کر دیتے ہیں! تم کبھی وہ کھیل نہ کھیلنا!

رستم۔ تو اَبا! ہم صبح جو کھیل رہے تھے؟؟

کاوہ۔ وہاں کا کچھ نہیں! وہاں کا کسی نے نہیں دیکھا!

بہرام۔ اچھا تو ابا! اُن بچوں کو بھی سانپوں کے پنجرہ میں بند کر دیں گے کیا۔۔۔؟

کاوہ۔ نہیں! بیٹا!

بہرام۔ اُن کے باپ کیوں رو رہے تھے اُس وقت۔۔۔؟

کاوہ۔ اُن کی گائیں چھین کر لے گئے تھے!

رستم۔ اَبّا! اگر ہمیں سانپوں کے آگے ڈالیں گے! تو تم نہیں ڈالنے دو گے نا؟

کاوہ۔ نہیں! میرے بیٹے! میں نہیں ڈالنے دوں گا!

مہربان۔ (رستم کو پیار کرکے) میری بٹیا!

کاوہ۔ آہ! میرے بیٹے کیسے سمجھدار اور کیسے عقلمند ہیں!۔۔۔۔ میرے بیٹو! خدا تمہیں ظالم کے ظُلم سے محفوظ رکھے!۔۔۔۔

مہربان۔ آمین!!۔۔۔۔(کھانا کھانے کے کچھ دیر بعد آہستہ) کسی کے پاؤں کی چاپ۔۔۔۔کوئی آرہا ہے۔۔۔۔!۔۔۔۔

کاوہ۔ خدا کرے!۔۔۔۔ یہ بھی کوئی گاہک ہو!۔۔۔۔

(ایک افسر، چار سپاہیوں کے ساتھ داخل ہوتا ہے)

نواں نظارہ

(پچھلے افراد۔۔۔۔سپاہی)

افسر۔ کاوہ لوہار کی دوکان یہی ہے۔۔۔۔؟

کاوہ۔ ہاں! جناب! یہی! فرمائیے! کچھ بنوانا ہے؟

مہربان۔ (آہستہ) آہ! میں ڈر۔۔۔۔

افسر۔ کاوہ تیرا ہی نام ہے۔۔۔۔؟

کاوہ۔ جی جناب!۔۔۔۔ میرا ہی نام ہے!۔۔۔۔ فرمائیے کیا کام ہے؟

افسر۔ نہیں! کوئی کام نہیں!۔۔۔۔ صرف ایک بات پوچھنا ہے۔۔۔۔

کاوہ۔ (مُنہ میں نوالہ لیتے ہوئے) پوچھیے!۔۔۔۔ میں عرض کروں گا!

مہربان۔ (آہستہ) ہائے! جس سے میں ڈروں تھی!۔۔۔۔ وہی بات ہوتی دِکھے ہے!

کاوہ۔ چُپ۔۔۔۔!

افسر۔ آج صبح تُو کہاں تھا؟

کاوہ۔ یہ آپ کیوں پوچھتے ہیں؟

افسر۔ مجھے یہی حکم ملا ہے۔۔۔۔!

کاوہ۔ آج صبح میں کوئلہ خریدنے گیا تھا!۔۔۔۔ میرے لڑکے بھی میرے ساتھ تھے!

افسر۔ یہی ہیں تیرے لڑکے!

کاوہ۔ جی ہاں!۔۔۔۔

افسر۔ اچھّا۔۔۔۔ اب یہ بتا کہ کوئلہ لینے جاتے وقت اور وہاں سے لوٹتے وقت تجھے کچھ لوگ ملے تھے۔۔۔۔؟

کاوہ۔ ملے ہوں گے! میں نے کچھ دھیان نہیں کیا!

افسر۔ خوب! خوب! ۔ ۔ ۔ اچھا کتنے ہوں گے وہ؟

کاوہ۔ بہت سے تھے! ۔ ۔ ۔ مجھے کیا معلوم تھا کہ آپ مجھ سے سوال کریں گے ورنہ یاد رکھتا!

افسر۔ ٹھیر جا! میں تجھے یاد دلاتا ہوں! ۔ ۔ ۔ کسانوں کا ایک غول نہیں ملا تھا تمہیں ۔ ۔ ۔ ؟

کاوہ۔ ہاں! ہاں! کچھ کسان ملے تھے!

افسر۔ تُو نے اُن سے کیا باتیں کیں؟

کاوہ۔ میں نے کہا نا! مجھے آپ کے سوال کی کیا خبر تھی۔ ورنہ حفظ یاد کر لیتا ۔ ۔ ۔ ! کچھ دیر میں اُن کے پاس بیٹھا ضرور تھا ۔ ۔ ۔ پھر اپنے کام کو چلا گیا، وہ بھی شاید اپنے گھر ۔ ۔ ۔ ۔

افسر۔ وہ کسان کیا کر رہے تھے وہاں ۔ ۔ ۔ ؟ یہ بھی تجھے یاد نہیں؟

کاوہ۔ کچھ بھی کر رہے ہوں! ۔ ۔ ۔ مجھے اِس سے کیا؟ ۔ ۔ ۔ میری طرف سے کوئی کچھ ہی کرے! اُس میں دخل دینا میرا فرض ہے کچھ ۔ ۔ ۔ ؟؟

افسر۔ جو کچھ وہ کر رہے تھے اگر اُس میں تُو نے بھی شرکت کی ہو تو ۔ ۔ ۔ ؟

کاوہ۔ آخر وہ کیا کر رہے تھے۔ ۔ ۔ ۔ ؟ کچھ معلوم تو ہو! پھر میں جواب دوں گا!
افسر۔ تجھے اچھی طرح معلوم ہے!
کاوہ۔ مجھے کچھ نہیں معلوم!
مہربان۔ (آہستہ) خدا کیلئے! غصہ سے جواب نہ دو! دیکھو ہو! یہ کیسے جنگلی آدمی ہیں!
کاوہ۔ (غصہ سے) چپ رہ! تُو!
افسر۔ ہاں تو، تجھے کچھ نہیں معلوم؟ کیوں!! ۔ ۔ ۔ ۔ اچھا لے! میں بتاتا ہوں تجھے!
کاوہ۔ فرمائیے!
افسر۔ وہ، جمشید کے مذہب کی رسم ادا کر رہے تھے! اور تُو نے بھی اُس میں شرکت کی تھی! ۔ ۔ ۔ ۔
مہربان۔ (بے اختیار) ہائے! (کاوہ، مہربان کی طرف غیظ بھری نظروں سے دیکھتا ہے)
افسر۔ کیا تجھے اس سے انکار ہے۔ ۔ ۔ ۔ ؟
کاوہ۔ اگر یہ کوئی جُرم ہوتا، تب بھی میں، انکار نہ کرتا! جب کچھ ہے ہی نہیں تو۔ ۔ ۔ ۔
افسر۔ پوری بات کہو! مجھے بھی تو معلوم ہو کہ تُو نے جو کچھ کیا ہے کوئی جُرم نہیں ہے!
کاوہ۔ کوئی جُرم نہیں! بالکل نہیں!

مہربان۔ (آہستہ) خدا کے لئے اِنہیں جوش نہ دلاؤ!

کاوہ۔ (غصہ سے) چُپ رہ! میں کہتا ہوں!

مہربان۔ آہ!

افسر۔ جس طرح تُو اسے جُرم نہیں مانتا! اُسی طرح شاید اِس کی سزا بھی نہیں جانتا!

کاوہ۔ میں اپنے کام کے سوا کچھ نہیں جانتا! (ہتھوڑا اہرن پر مارتے ہوئے) میں اپنا کام جانتا ہوں! دوسری باتوں کے جاننے کیلئے میرے پاس وقت نہیں! (بیوی اور بچّوں کی طرف اشارہ کر کے) اِنہیں نہیں دیکھتے؟ ۔ ۔ ۔ ۔ اِن بچّوں کی زندگی کا سہارا یہ عورت ہے۔ ۔ ۔ ۔ اِسے میں جانتا ہوں! ۔ ۔ ۔ ۔ اِس کے سوا کچھ جاننا نہیں چاہتا!

افسر۔ تو تجھے اپنی جُرم کی سزا کا اور بالکل علم نہیں؟؟

کاوہ۔ نہ مجھے جُرم کا علم ہے! نہ اُس کی سزا کا!

افسر۔ اچھا تو لے! میں تجھے بتاتا ہوں! ۔ ۔ ۔ ۔ شاہی حکم ہے کہ جو شخص بھی جمشید کے مذہب پر قائم رہے یا اُس کی کوئی رسم ادا کرے اُس کا مال اسباب ضبط کر لیا جائے اور اُس کی اولاد کی حضور بادشاہ سلامت کے معبودوں کے لئے قربانی کی جائے!

مہربان۔ الٰہی تیری پناہ!

افسر۔ تیرے پاس ضبطی کے قابل مال تو ہے نہیں! اِس لئے ہم تیرے بچّوں کو پکڑ لینے پر مجبور ہیں!

کاوہ۔ (غضبناک ہو کر) میرے بچّوں کو؟ میرے بچّوں کو؟؟

مہربان۔ (انتہائی رنج سے) آہ! بد نصیبی! آہ!۔۔۔۔ میرے بیٹے!! (بچّوں کو بغل میں لیکر پیار کرتی اور رو دیتی ہے)

افسر۔ تُو نے اپنے لڑکوں کو بھی جمشید کی عبادت کے دائرہ میں شریک کیا! اور تُو خود بھی داخل ہوا! ہم سب کچھ دیکھ رہے تھے!۔۔۔۔ اب تیرے لڑکوں کو پکڑ لینے کے بعد، ہم چاہیں تو تیری دوکان کو تہس نہس کر سکتے ہیں! مگر ہم انصاف کریں گے!۔۔۔۔ تیرے ایک ہی لڑکے کو لے جائیں گے! اگر تُو اِس پر بھی باز نہ آیا اور تُو نے پھر کوئی ایسی ہی حرکت کی تو یاد رکھ، تجھے اپنے دوسرے لڑکے سے بھی ہاتھ دھونا پڑیں گے!

مہربان۔ (بچّوں کو بغل میں لئے ہوئے روتے ہوئے) ہائے! میرے بیٹو!

کاوہ۔ (افسر سے) ایسا نہ کرو!۔۔۔۔ ایک دن اِس ظُلم کا دیکھو گے!۔۔۔۔ کہیں سانپوں کے لئے، اِنسانی قربانی بھی کی جاتی ہے!

افسر۔ فضول بکواس سے کوئی نتیجہ نہیں نکلے گا! ابھی تو ہم ایک ہی کو لے جا رہے ہیں!
۔۔۔۔ اگر زیادہ تین پانچ کی تو دُوسرے سے بھی ہاتھ دھو بیٹھے گا!

کاوہ۔ (غصّہ سے) سچّی بات کہنا، میرے اختیار میں ہے! اور ظلم کرنا تمہارے اختیار میں! ۔۔۔۔ بسم اللہ! ۔۔۔۔ جو جی چاہے کرو! ۔۔۔۔ اِس وقت سوائے اِس کے کہ تمہارے حکم کے سامنے دم نہ ماروں! اور میں کیا کر سکتا ہوں؟ (بڑے ہتھوڑے پر (جو پاس ہی رکھّا تھا) نظر ڈال کر، اور پھر افسر کے سر کی طرف دیکھ کر مایوسی سے اپنے آپ) آہ! چھ مُوذی ہیں! کیا کروں؟ کچھ بس نہیں چلتا! (اہرن پہ سر رکھ کر رونے لگتا ہے)

افسر۔ (سپاہیوں سے) اِن میں سے ایک لڑکے کو پکڑ لو!

مہربان۔ ہائے اللہ! (بچّوں کو بغل میں دابتے ہوئے سپاہیوں کی طرف سہمی ہوئی نظروں سے دیکھتی ہے)

کاوہ۔ آہ! میرے بیٹو!

ایک سپاہی۔ کس کو پکڑوں؟

افسر۔ کسی ایک کو! ۔۔۔۔ اچھّا ٹھیرو! ۔۔۔۔ اِنہی سے پوچھ لوں! ۔۔۔۔ (کاوہ سے) بولو کس کو پکڑیں؟

کاوہ۔ (افسر کے پاس آ کر غصہ سے) جی چاہے جس کو پکڑ لو!۔۔۔۔ میں اپنی زبان سے کہوں کہ اِس کو پکڑ لو؟۔۔۔۔ آہ! کس باپ کے منہ سے یہ نکل سکتا ہے کہ میرے بیٹے کو لے جاؤ اور سانپوں کو کھلا دو؟؟

افسر۔ کسی ایک کو ضرور لے جانا ہے!۔۔۔۔ اس لئے میں تجھ سے پوچھتا ہوں کہ کس کو لے جاؤں؟

کاوہ۔ کس کو لے جائے؟۔۔۔۔ جی چاہے جس کو!۔۔۔۔ یا میری جان کو!

مہربان۔ (انتہائی رنج اور غصہ کے عالم میں، سپاہیوں اور بچوں کے بیچ میں کھڑی ہو جاتی ہے) بیشک! پہلے ہمیں مار ڈالو! پھر ہماری اولاد کو لے جاؤ!۔۔۔۔ (ہاتھ جوڑ کر) ہاں! پہلے ہمیں قتل کر دو! پھر ہمارے بچوں کو کچھ کہو!

افسر۔ معلوم ہوا! تم خود نہیں کہو گے! (بہرام کی طرف اشارہ کر کے) اِس بڑے کو لے چلو!۔۔۔۔

(سپاہی مہربان کو الگ کر کے بہرام کو پکڑنے کے لئے بڑھتے ہیں)

مہربان۔ (دوڑ کر بہرام کو چھاتی سے لگا کر) ہائے! میرے بہرام کو!۔۔۔۔ نہیں! اِسے نہیں لے جانے دوں گی!

افسر۔ اِس سے زیادہ محبت ہے! ۔۔۔۔ اچھّا چھوٹا سہی! (سپاہی رستم کو پکڑنا چاہتے ہیں)

مہربان۔ (بہرام کو چھوڑ کر رستم کو بغل میں لیکر) ہائے! میرے رستم کو! نہیں! نہیں!

(سپاہی بہرام کو پکڑ کر لے جاتے ہیں)

کاوہ۔ (دیوانگی کے عالم میں دیکھتے ہوئے) میرا بیٹا!!

مہربان۔ (رستم کو چھوڑ کر، بہرام کو سپاہیوں سے چھڑانے کے لئے دوڑتی ہے) ارے خدا کی مار! ۔۔۔۔ رحم کرو! ۔۔۔۔ چھوڑ دو! ۔۔۔۔ ہائے، میرے بیٹے کو چھوڑ دو! ۔۔۔۔ (سپاہی نظر سے اوجھل ہو جاتے ہیں، مہربان افسر کے قدموں پہ گر جاتی ہے) معاف کرو! خدا کے لئے رحم کرو! ۔۔۔۔ اِس دفعہ بخش دو! ۔۔۔۔ پھر کبھی ایسا نہیں کریں گے! ۔۔۔۔ لِلّٰہ میرے بیٹے کو چھوڑ دو! (افسر مہربان کو لات مار کر ہٹا دیتا ہے)

کاوہ۔ غصّہ سے مہربان کا بازو پکڑ کر اپنی طرف کھینچتے ہوئے) درخواست نہ کر! ۔۔۔۔ درخواست کرنا کمینہ پن ہے!

مہربان۔ (کاوہ سے) ہائے! میرا بیٹا! ۔ ۔ ۔ ۔ میرے بچّہ کو چھڑاؤ! ۔ ۔ ۔ ۔ کھڑے کیا دیکھو ہو؟ ۔ ۔ ۔ ۔ میرے بچّہ کی جان بچاؤ! ۔ ۔ ۔ ۔ ہائے! وہ اسے پکڑے لئے جائیں ہیں! جاؤ! خدا کے لئے چھڑاؤ!

افسر۔ (سپاہیوں سے آؤ! چلیں! (جانے لگتے ہیں)

بہرام۔ (جاتے ہوئے) الوداع! امّی جان! ۔ ۔ ۔ ۔ الوداع! بابا جان!!! الوداع!!

مہربان۔ ہائے میرا بیٹا! (غش کھا کر گر پڑتی ہے)

کاوہ۔ آہ! میرا بیٹا! (روتا ہے)

رستم۔ بھائی جان کو کہاں لے جا رہے ہیں؟ (رو دیتا ہے۔ سپاہی بہرام کو بیچ میں لے کر چلے جاتے ہیں)

دسواں نظارہ

(کاوہ ـــــ مہربان ـــــ رستم)

رستم۔ (ماں کے پاس جا کر اور اُس کو بے ہوش دیکھ کر) ہائے! یہ امّی جان کو کیا ہوا؟ ۔ ۔ ۔ ۔ (اُس کا منہ سامنے کر کے کاوہ کے قریب جا کر) بابا جان! ۔ ۔ ۔ ۔ بھائی جان کو کہاں لے گئے؟ ۔ ۔ ۔ ۔ کیا بھائی جان اب کبھی گھر نہیں آئیں گے ۔ ۔ ۔ ۔ ؟

کاوہ۔ (رستم کو سینہ سے لگا کر پیار کر کے روتے ہوئے) میری جان!۔۔۔۔ خدا تجھے ظالم کے ظُلم سے محفوظ رکھّے!۔۔۔۔ ہائے! میرا ایک لڑکا۔۔۔۔ (روتا ہے)

مہربان۔ (کچھ ہوش میں آ کر دوڑ کر کاوہ کے پاس آتی ہے) آہ! میرا لڑکا!۔۔۔۔ میرا لڑکا کہاں گیا؟۔۔۔۔ ہائے! اُسے کہاں لے گئے؟۔۔۔۔ ہائے! بہرام!۔۔۔۔ میرے پیارے بہرام!

رستم۔ (روتے ہوئے) ہائے امّی!۔۔۔۔ کیا بھائی جان کا سر کاٹ لیں گے۔۔۔۔؟

کاوہ۔ (صبر و توکّل کے انداز میں مہربان سے) کیا کریں۔۔۔۔؟ خدا اُسے بخشے! ۔۔۔۔ خدا اُسے ظالم کے ظُلم سے بچائے!۔۔۔۔

مہربان۔ کیا۔۔۔۔؟ کیا بہرام اب ہمیں نہیں ملے گا۔۔۔۔؟۔۔۔۔ کیا وہ نہیں چھُوٹے گا؟۔۔۔۔ کیا اُسے سانپوں کو کھلا دیں گے!۔۔۔۔ ہائے سانپوں کو،۔۔۔۔ ہائے اللہ! کیا اب میرا بیٹا، مجھے نہیں ملے گا۔۔۔۔؟ ہائے میرا بیٹا!

کاوہ۔ اللہ! اب کیا کروں۔۔۔۔؟ ظالم کے ظُلم کا کیسے مقابلہ کر سکتے ہیں ہم؟۔۔۔۔ لاچار! صبر! صبر! صبر!۔۔۔۔ اِس کے سوا اور کیا ہو سکتا ہے؟۔۔۔۔

مہربان۔ ہائے! وہ تو اُسے مار ڈالیں گے!۔۔۔۔ صبر کیسے آئے؟۔۔۔۔ اُف اِس پہ صبر کیسے آ سکے ہے؟

کاوہ۔ ایک بیٹا گیا۔۔۔۔ دُوسرا تو بچا!۔۔۔۔ خدا اسے ظالم کے ظُلم سے بچائے!
رستم۔ (روتے ہوئے) امی جان!!
مہربان۔ بیٹا!!۔۔۔۔ (رستم کو سینہ سے لگا کر روتی ہے)
کاوہ۔ (اپنے آپ) آہ!۔۔۔۔ میرے بیٹے کو۔۔۔۔ بکری کی طرح حلال۔۔۔۔ اُف! اُس کا بھیجا سانپوں کو کھلا دیں گے؟۔۔۔۔ (کانپ اُٹھتا ہے) میرے بیٹے کو!!۔۔۔۔ ہائے! ہائے!۔۔۔۔ نہیں نہیں!۔۔۔۔ یہ نہیں ہو سکتا!۔۔۔۔ اسے نہیں برداشت کیا جا سکتا!!۔۔۔ (جوش سے کھڑا ہو کر) مہربان!۔۔۔۔ میں جاتا ہوں!۔۔۔۔ اُن سے التجا کروں گا!۔۔۔۔ اُن کے ہاتھ جوڑوں گا!۔۔۔۔ اُن کے پاؤں پڑوں گا!۔۔۔۔ روؤں گا! گڑگڑاؤں گا!۔۔۔۔ ہائے!۔۔۔۔ شاید رحم آ جائے!
مہربان۔ خدا کے لیے!۔۔۔۔ ہاں! ہاں!۔۔۔۔ خدا کیلیئے جاؤ!۔۔۔۔ جاؤ!۔۔۔ شاید خدا اُن کے دل میں رحم ڈال دیوے!
کاوہ۔ اللہ مالک ہے!۔۔۔۔ میں جاتا ہوں!۔۔۔۔ (جانے لگتا ہے)
مہربان اللہ کے لیئے۔۔۔۔ غصہ مت کرنا!۔۔۔۔ گرم مت ہونا!۔۔۔۔ خوشامد کرنا! پاؤں پڑنا۔۔۔۔ ہائے! کسی طرح میرے بیٹے کو چھڑانا!
کاوہ۔ (جاتے ہوئے) انشاء اللہ!۔۔۔۔ (جاتا ہے)

گیارھواں نظارہ

(مہربان ـــــــ رستم)

مہربان۔ (رستم کو پیار کر کے) ہائے! میرے بیٹے!۔۔۔۔ صبح کیسی دونوں کو ایک ساتھ پیار کر رہی تھی!۔۔۔۔ ہائے! یہ کیا معلوم تھا!۔۔۔۔

رستم۔ امّی جان!۔۔۔۔ بھائی جان کہاں گئے ہیں۔۔۔۔؟ اُن کو کہاں لے گئے ہیں؟ کیا وہ اب کبھی گھر نہیں آئیں گے۔۔۔۔؟

مہربان۔ (روتے ہوئے) آئے گا کیوں نہیں؟۔۔۔۔ میرے بیٹے!۔۔۔۔ وہ ضرور آئے گا!

رستم۔ تم تو ابھی کہہ رہی تھیں اُن کا سر کاٹ لیں گے!

مہربان۔ نہیں! میرے بیٹے!

رستم۔ ہائے!۔۔۔۔ وہ بھائی جان کو مار ڈالیں گے!۔۔۔۔ میں سمجھا!۔۔۔۔ (رونے لگتا ہے)

مہربان۔ (رستم کے آنسو پونچھ کر روتے ہوئے) رو مت! میرے بیٹے!۔۔۔۔ تُو مت رو!۔۔۔۔ مت رو! میرے بیٹے!۔۔۔۔ (اپنے آپ)۔۔۔۔ یا اللہ! رستم کے ابّا بہرام کو چھڑا لائیں!۔۔۔۔ مگر ہائے! وہ کیسے لا سکے ہیں!۔۔۔۔ تقدیر بھی کیسی ظالم ہے!۔۔۔۔ آج تڑکے۔۔۔۔ بیٹھی ہوئی بھوک کی شکایت کروں تھی!۔۔۔۔ ہائے! میں بھوکے مرتی!۔۔۔۔ پیٹ کے پتھر باندھ لیتی! پتّے کھاتی۔۔۔۔ مٹّی کھاتی! ۔۔۔۔ مگر اِس مُصیبت میں نہ پھنستی!۔۔۔۔ اپنے بیٹے سے نہ بچھڑتی۔۔۔۔ ہائے! میرا بیٹا۔۔۔۔ اُسے کیسے چھوڑیں گے؟۔۔۔۔ ہائے! میں اُسے دیکھے بن، کیسے جیوں گی؟۔۔۔۔ (پاؤں کی چاپ سنائی دیتی ہے) ہائے! کیا میرا بیٹا آ گیا؟؟۔۔۔۔ (بے تابی سے دروازے کی طرف دیکھتی ہے۔ چار پانچ سپاہی ایک افسر کے ساتھ داخل ہوتے ہیں) ہائے! ہائے!۔۔۔۔ سپاہی پھر آ گئے!۔۔۔۔

(بچے کو سینہ سے لگا کر، دیوانوں کی طرح سپاہیوں کی طرف دیکھتی ہے)

بارھواں نظارہ

(مہربان ـــــــ رستم ـــــــ سپاہی)

افسر۔ کاوہ کی دوکان یہی ہے ؟

مہربان۔ (رستم کو سینہ سے چمٹا کر) کیا کام ہے ؟۔۔۔۔ کیوں آئے ہو؟

افسر۔ کاوہ لوہار کی دوکان یہی ہے۔۔۔۔ ؟ میں پوچھتا ہوں !

مہربان۔ (کپکپاتی ہوئی آواز سے) کیوں پوچھو ہو؟

ایک سپاہی۔ اجی! پوچھنے کی کیا جرورت (ضرورت) ہے! میں جانتا ہوں! یہی ہے کاوہ کی دوکان!۔۔۔۔ یہ اُس کی گھروالی ہے۔۔۔۔ یہ لڑکا بھی اُس کا ہے !

افسر۔ (انگلی سے رستم کی طرف اشارہ کرکے) یہ اُس کا لڑکا ہے تو پکڑلو!

مہربان۔ (کانپتے ہوئے) ہائے! میں مر گئی!۔۔۔۔ (سپاہی رستم کو پکڑنے کے لئے پاس آتے ہیں)۔۔۔۔ نہیں!۔۔۔۔ میں نہیں لے جانے دوں گی!۔۔۔۔ ایک کو تو مُوئے پکڑ کے لے گئے۔۔۔۔ اِس کو میں نہیں لے جانے دوں گی۔۔۔۔

رستم۔ (ماں کی گود میں دبکتے ہوئے) امّی جان!۔۔۔۔ چھڑائیے!۔۔۔۔ مجھے چھڑائیے! (سپاہی رستم کو پکڑ لیتے ہیں)

مہربان۔ (افسر کے قدموں پہ گر کے) رحم! رحم کرو!۔۔۔۔ معاف کرو!۔۔۔۔ ہائے! یہ ایک ہی لڑکا بچا ہے!۔۔۔۔ ابھی تھوڑی دیر ہوئی اس کے بھائی کو پکڑ کے لے گئے ہیں!۔۔۔۔ ارے خدا کے لئے انصاف کرو!۔۔۔۔ تمہارے بھی ماں ہووے گی۔۔۔۔ اس غریب کی دُکھیاری ماں پر رحم کرو!۔۔۔۔ ہائے کیا تمہارے اولاد نہیں؟۔۔۔۔ تمہیں اولاد کا درد نہیں آتا؟۔۔۔۔ بیچاری ماں کی بغل سے اُس کے کلیجہ کے ٹکڑے کو، کیسے الگ کرو ہو؟۔۔۔۔ ہائے! ایسے معصوم بچّوں کو، کس دل سے قتل کرو گے؟۔۔۔۔ چھوڑ دو!۔۔۔۔ میں تمہارے پاؤں پڑتی ہوئی! چھوڑ دو! خدا کے نام پر میرے لڑکے کو چھوڑ دو!۔۔۔۔

افسر۔ (سپاہیوں سے) چلو! چلو!۔۔۔۔ ہم اس عورت کی بکواس کب تک سُنیں گے؟ (سپاہی رستم کو پکڑے ہوئے افسر کے ساتھ جانے لگتے ہیں)

مہربان۔ (مایوس ہو کر) ہائے! یہ بھی چلا!

رستم۔ (جاتے ہوئے رو کر) امّی جان!

مہربان۔ ہائے میرا بیٹا۔۔۔! (سپاہی رستم کو لئے ہوئے چلے جاتے ہیں) گئے۔۔۔!؟؟ (غش کھا کے گر پڑتی ہے، کچھ دیر بعد کاوہ آتا ہے)

تیرھواں نظارہ

(کاوہ ـــــــــ مہربان)

کاوہ۔ (دوکان میں چاروں طرف دیکھتے ہوئے) آہ! کوئی نظر نہیں آتا۔۔۔؟ کیا ہوا؟؟۔۔۔ (مہربان پہ نظر پڑتی ہے) ہائے!۔۔۔۔ اُس کی نبض اور دل پر ہاتھ رکھتا ہے) اُف! رستم بھی غائب ہے۔۔۔۔ مصیبت پر مصیبت!۔۔۔۔ (پانی لے کر مہربان کے مُنہ پر چھینٹے مارتا ہے۔۔۔۔ مہربان ہوش میں آ کر اُٹھ بیٹھتی ہے) کیا ہوا۔۔۔؟

مہربان۔ یا اللہ!۔۔۔ میں کیا کروں۔۔۔۔؟ چھوڑ دو! ہائے! مجھے مرنے دو!۔۔۔ مرنے دو! ہائے! رستم کو بھی پکڑ کر لے گئے!۔۔۔۔!

کاوہ۔ ارے!۔۔۔۔ کون؟ کون لے گئے؟؟

مہربان۔ (روکر) صبح کے آدمیوں کی طرح پانچ آدمی تھے۔۔۔۔ ہائے اُسے بھی پکڑ کر لے گئے!

کاوہ۔ (انتہائی مایوسی سے) ہائے!۔۔۔۔ میرے پیارے بیٹے!۔۔۔۔ (کچھ دیر رونے کے بعد) نہیں! آہ! نہیں! اَب صبر نہیں ہو سکتا!۔۔۔۔ اب صبر نہیں کیا جا سکتا!۔۔۔۔ (کمر سے لپٹا ہوا چمڑا کھول کر، پاس سے ایک لانبی لکڑی اُٹھاتا ہے۔ ایک ہاتھ میں ہتھوڑا لے کر) اب جو ہو سو ہو!۔۔۔۔ (پاؤں کی آہٹ سُنائی دیتی ہے اور۔۔۔۔ کسان داخل ہوتے ہیں(

چودھواں نظارہ

(کاوہ ــــ مہربان ــــ قباد ــــ خسرو)

نوذر ــــ یزد ــــ شیرویہ ــــ فریبرز

قباد۔ بھائی کاوہ! اپنا وعدہ یاد ہے نا؟؟

کاوہ۔ کیا بات ہے۔۔۔۔؟

قباد۔ تمہیں یاد ہے! تم نے کہا تھا کہ اگر تمہارے بال بچوں پر مُصیبت پڑے تو میرے پاس آنا۔۔۔۔؟

کاوہ ۔ (جلدی سے) ہائے!

قباد ۔ تمہارے چلے آنے کے بعد، موذی پھر آئے تھے! ہمارے بچوں کو پکڑ کر لے گئے!

نوذر ۔ آہ! اس وقت ہمارے بچے جلاد کے ہاتھوں میں ہوں گے!

کاوہ ۔ میرے دونوں لڑکوں کو بھی پکڑ کر لے گئے! موذی! بے ایمان!

خسرو ۔ آہ!

قباد ۔ پھر ۔ ۔ ۔ ۔

کاوہ ۔ (اپنا جھنڈا (جسے چمڑے اور لکڑی سے بنایا تھا) اور ہتھوڑا بتا کر) میں حاضر ہوں! ۔ ۔ ۔ ۔ چلو! ۔ ۔ ۔ ۔ چلیں اپنے بچوں کو چھڑائیں! یا دشمنوں سے لڑ کے مر جائیں!

سب ۔ چلو! ۔ ۔ ۔ ۔ خدا ہمارا مددگار ہے!

مہربان ۔ میں بھی چلوں گی اور کچھ نہیں تو (خدا نا کرے) اپنے کلیجہ کے ٹکڑوں کا خون میں لتھڑا ہوا جنازہ تو دیکھ لوں گی ۔ ۔ ۔ ۔

سب ۔ (جاتے ہوئے الٰہی مدد! الٰہی مدد!! (جاتے ہیں)

(پردہ گرتا ہے)

پانچواں منظر

وہی منظر جو دوسرے منظر کے عنوان سے پہلے گُزر چکا ہے۔ سامنے معبد ہے پردہ اُٹھنے پر فرہاد کسی گہری سوچ میں بیٹھا نظر آتا ہے۔

پہلا نظارہ

(فرہاد ـــــــــ تنہا)

فرہاد۔ (اپنے آپ) آخر کار، ۔۔۔ میرے فرض نے مجھے اِس بات پر آمادہ کر ہی دیا۔۔۔کہ میں اپنے لختِ جگر کو جلّاد کے حوالے کر دوں۔۔۔؟ آہ، بکری کے بچّہ

کی طرح اُس کا ذبح ہونا۔۔۔۔ اور اُس کے مغز کا اُن غلیظ کیڑوں کی غذا بننا۔۔۔۔ میرے اللہ!۔۔۔۔ میں یہ سب کچھ اپنی آنکھوں سے دیکھوں گا۔۔۔۔ آہ! اب کوئی اُمید نہیں!۔۔۔۔ دو گھڑی بعد، سب سے پہلے مرتبہ اِن موذی کیڑوں کے لئے انسانی جانوں کی قربانی کی جائے گی۔۔۔۔ قربانی کے بچّوں میں۔۔۔۔ یقیناً میرا لڑکا سب سے پہلے۔۔۔۔ (کانپ کر) آہ! او خدا! ۔۔۔۔ تُو جانتا ہے! ۔۔۔۔ اُف! میں کیا کروں۔۔۔۔؟ میں نے اپنے غریب لڑکے کو خود اِس بلا میں پھنسایا ہے!۔۔۔۔ اب مجھی کو، اس کی جواں مرگی کا داغ دیکھنا پڑے گا۔۔۔۔ کیوں کر صبر کروں۔۔۔۔؟ کیا کروں؟۔۔۔۔ (کچھ دیر تک بے چینی سے ٹہل کر) ہائے! یہ میں نے کیا کیا؟۔۔۔۔ کوئی بھی اپنے لختِ جگر کو خود موت کے حوالے کرتا ہے۔۔۔۔؟ اگر اُس کی ماں نے اُس کے متعلق پوچھا تو میں کیا جواب دوں گا۔۔۔۔؟ آہ جوں جوں وقت گزرا جاتا ہے، میرا دل سینہ سے باہر نکلا پڑتا ہے۔۔۔۔ میں نے خود اپنے ہاتھوں سے اُسے قید کیا! ۔۔۔۔ اب میں خود اپنے ہاتھوں جلّاد کے سپرد کروں گا۔۔۔۔ اپنی اِن آنکھوں سے اُس ہولناک مکان میں اُسے ذبح ہوتے دیکھوں گا۔۔۔۔ اور اپنے ہاتھوں سے اُس کا مغز نکال کر اُن خوفناک کیڑوں کو کھلاؤں گا! آہ! وقت قریب ہے! ۔۔۔۔ انسان کے مقدّس خون سے سیر نہ ہونے والے موبد آنے والے ہیں!

۔۔۔۔ قربانی کی رسم ادا ہونے والی ہے!۔۔۔۔ میں نے جس وقت اپنے لڑکے کو قید خانہ پہنچایا تھا۔۔۔۔ خیال تک نہ تھا کہ ایک وقت ایسا بھی آنے والا ہے!۔۔۔۔ مجھے یقین نہ تھا کہ سانپوں پر، اُف، اِن ذلیل سانپوں پر انسانی جانیں بھی قربان کی جا سکتی ہیں!۔۔۔۔ موذی نے ایک ایسے ہولناک اور روح فرسا کام کا بھی کس آسانی سے حکم دے دیا ہے!۔۔۔۔ بے شک وہ ایسا ہی کرے گا! کیونکہ اُس کے ناپاک خواب کی تعبیر یہی ہے!۔۔۔۔ اُف، کیا اُس کے خواب کی ایسی تعبیر نہیں بتلائی جا سکتی تھی، جس کا نتیجہ اس قدر ظالمانہ نہ ہوتا۔۔۔۔ مگر یہ بد ذات موبد، محض اپنی لیاقت جتانے کو، سچ کو جھوٹ اور حقیقت کو خوشامد پر قربان کر دیتے ہیں۔۔۔۔ اور ظالم کے ظلم کا آلہ کار بن جاتے ہیں!۔۔۔۔ وہ جمشید کا مذہب مٹانے کے لیے کوئی تدبیر سوچنے کو کہتا ہے، مگر اُس کا وزیر، کوئی مناسب تدبیر سوچنے کی بجائے، بے گناہ انسانوں کی خون ریزی، اور فاقہ کش غریبوں کی ہلاکت کے لیے، ایک شیطنت کی بنیاد ڈالتا ہے۔ اُس کے مصاحب اور ملازم، اُس کو اِن مظالم سے روکنے کی بجائے، اُلٹے اُس کے ظلم و ستم کے ہاتھوں میں ہتھیار بن جاتے ہیں!۔۔۔۔ ظلم سہنا، جس قدر تلخ ہے، شاید ظلم کرنا اُسی قدر لذیذ ہے!۔۔۔۔ جبھی تو یہ لوگ، ظالم کے ظلم کا واسطہ بننے پر فخر کرتے ہیں!۔۔۔۔ (دیر تک متفکرانہ حالت میں اِدھر اُدھر ٹہلنے کے بعد قربان گاہ کی

طرف آ کر) یہاں!۔۔۔۔ آہ! یہاں! آج میرا لڑکا قتل کیا جائے گا!۔۔۔ میرا لختِ جگر۔۔۔۔ آہ کیا کروں؟۔۔۔۔ میں نے خود اُسے اِس مُصیبت میں پھنسایا!۔۔۔۔ مگر میں کیا کرتا؟۔۔۔۔ میرے فرض کا یہی تقاضا تھا!۔۔۔۔ آہ، اُس کو قید کرنا!۔۔۔۔ اُس کو ہمیشہ کے لیے ہاتھ سے کھونا!۔۔۔۔ اپنے آپ کو اور اپنے ساتھ ساری دُنیا کو مایوس کرتا ہے!۔۔۔۔ میں نے اِس مقصد کی راہ میں اِس قدر قربانیاں کیں! اِس درجہ ذلتیں سہیں!۔۔۔۔ مگر اب بھی میرا مقصد پورا ہوتا نظر نہیں آتا!۔۔۔۔ میں اُس کو رہا کرنے پر مجبور تھا!۔۔۔۔ اُس کی بجائے کسی دوسرے کا قید میں ہونا ضروری تھا!۔۔۔۔ میں اپنے لڑکے کے سوا کس کو قربان کر سکتا تھا؟۔۔۔۔ میرا اپنے لڑکے کے سوا کسی پر اتنا حق تھا؟۔۔۔۔ ہوتا بھی تو میرے لڑکے کے سوا ایسا کون تھا، جو پرویز کا ہم شکل ہو!۔۔۔۔ (کچھ دیر بعد صبر و توکّل کے انداز میں) اس کے سوا کوئی صُورت نہ تھی!۔۔۔۔ خیر! اِس مقصد کی خاطر، جس قدر گناہ مجھ سے سرزد ہوئے یہ اُن کا کفارہ ہو جائے گا!۔۔۔۔ بے شک، اِس سے بڑھ کر کوئی فدیہ، کوئی صدقہ نہیں ہو سکتا!۔۔۔۔ مگر اس کو گوارا کرنے پر بھی، ہاں، اپنے لختِ جگر کو، اِس راہ میں، قربان کرنے کے بعد بھی! میرا فرض! آہ! میرا مقصد کامیاب ہوتا دکھائی نہیں دیتا!۔۔۔۔ اگر میرا بھید کھُل گیا!۔۔۔۔ اگر یہ حال معلوم ہو گیا!۔۔۔۔ آہ! میرے

بیٹے!۔۔۔۔ اگر میں اپنے مقصد میں کامیاب نہ ہوا تو تیری قربانی رائیگاں جائے گی!

۔۔۔۔ اُف! میں اپنے مقصد سے محروم ہو جاؤں گا! اور اپنے لختِ جگر سے بھی!!

۔۔۔۔ آہ! میرا فرزند! میرا لختِ جگر!!!

(رونے لگتا ہے، مہرو سہمی ہوئی نگاہوں سے اِدھر اُدھر دیکھتی ہوئی، دائیں طرف سے داخل ہوتی ہے)

دوسرا نظارہ

(فرہاد ــــ مہرو)

مہرو۔ (فرہاد کے پاس آ کر اور اُس کا شانہ ہلا کر) فرہاد!!!

فرہاد۔ (چونک کر) آہ! تم ہو۔۔۔۔؟

مہرو۔ ہائے! تم تو رو رہے ہو!

فرہاد۔ میں۔۔۔۔ آہ۔۔۔۔ مجھے کچھ پچھلے زمانہ کا خیال آ گیا تھا اور۔۔۔۔

مہرو۔ نہیں!نہیں!بچوں کے حق میں کوئی بُری بات معلوم ہوتی ہے۔۔۔۔؟؟

فرہاد۔ نہیں۔۔۔۔(اپنے آپ) آہ!اگر اس کو حقیقت حال معلوم ہو جائے!۔۔۔

مہرو۔ نہیں!تم مجھ سے چھپاتے ہو۔۔۔۔!یقیناً کوئی بات ہے!۔۔۔۔تمہارے بہتے ہوئے آنسو بتلاتے ہیں کہ ہم پر کوئی نئی مُصیبت نازل ہوئی ہے!

فرہاد۔ نہیں کوئی بات نہیں!

مہرو۔ خدارا مجھے بتلا دو!کیا بات ہے؟ہائے!کیا خوب چہر اور پرویز کے قتل کا حکم ہو گیا ہے۔۔۔۔؟

فرہاد۔ نہیں!

مہرو۔ ہائے تو۔۔۔۔کچھ ایسی ہی بات اور ہے۔۔۔۔بدنصیب خوب چہر!۔۔۔۔آہ!میں نصیبوں جلی،دُنیا میں ایک لڑکے کو دیکھ کر جیتی تھی!جس کی موت اور زندگی کا بھی حال آج مجھے معلوم نہیں!۔۔۔۔پھر میں نے اِس لڑکی کو اپنی اولاد کی طرح رکھا!مگر افسوس کہ وہ بھی مجھ سے چھن گئی!چھین لی گئی!۔۔۔۔اور آہ!وہ وقت آنے والا ہے کہ میں اپنی اِن آنکھوں سے اُسے قتل ہوتے۔۔۔۔آہ!۔۔۔۔(رونے لگتی ہے)

فرہاد۔ (اپنے آپ) تعجب! ضحاک کی لڑکی سے اُس کو اِس قدر محبت ہے؟۔۔۔۔ مگر۔۔۔۔ مگر اس کا بھی تو کوئی ثبوت نہیں کہ وہ ضحاک ہی کی لڑکی ہے! (پاؤں کی چاپ سُنائی دیتی ہے۔ فرہاد گھبراتے ہوئے آ رہے ہیں!۔۔۔۔ ہمیں ایک جگہ دیکھیں گے!۔۔۔۔ تم جاؤ!)

مہرو۔ (جاتے ہوئے) فرہاد! خوب چہر کو خدارا خوب چہر کو بچاؤ! (جاتے ہوئے اپنے آپ) اگر میں اِس کو وہ بھید بتلا دوں تو۔۔۔۔ شاید یہ خوب چہر کو بچانے کے لئے زیادہ کوشش کرے! بلکہ ممکن ہے کوئی نہ کوئی صُورت نکال لے! مگر مجھے اطمینان نہیں ہو سکتا!۔۔۔۔ اور یہ بھی ممکن ہے کہ شاید ضحاک کو بھی معلوم ہو کہ وہ اُس کی لڑکی نہیں۔۔۔۔ اِس صورت میں اگر قتل نہ کراتا ہو گا تو بھی کرا دے گا!۔۔۔۔ نہیں! اِس بھید کا چھپانا ہی اچھا ہے (جاتی ہے۔۔۔۔ دائیں طرف سے ضحاک نمودار ہوتا ہے۔ خادموں کا ہجوم پیچھے پیچھے ہے جو دروازہ کے قریب رُک جاتا ہے۔ ضحاک سانپوں کے سامنے جا کر سجدہ کرتا ہے)

تیسرا نظارہ

(ضحاک ــــــ فرہاد ــــــ خادم)

فرہاد۔ (ضحاک کی طرف مُنہ کر کے اپنے آپ) ، سجدے کر! خوب سجدے کر! کیونکہ خُدا کی مخلوق کی تباہی کا سبق تجھے اِنہی نے سکھایا ہے!

ضحاک۔ (سجدے کرنے کے بعد سانپوں کے سامنے دو زانو بیٹھ کر) میرے معبودو!! ۔ ۔ ۔ ۔ میری حکومت اور خوش نصیبی! ۔ ۔ ۔ ۔ یہ سب کچھ تمہاری ہی بخششوں کا نتیجہ ہے! ۔ ۔ ۔ ۔ اگرچہ میں نے اپنا وطن چھوڑ دیا ۔ ۔ ۔ ۔ مگر اپنے آبا واجداد کا مذہب نہیں چھوڑا ۔ ۔ ۔ بلکہ اپنی تمام سلطنت میں پھیلانے کی کوشش کر رہا ہوں! ۔ ۔ ۔ ۔ تمہارے دُشمن تم پر قربان کئے جائیں گے! ۔ ۔ ۔ ۔ آج تک جو کوتاہیاں مجھ سے ہوئیں! میں اُن کیلئے معافی چاہتا ہوں! اور اقرار کرتا ہوں کہ آج کے بعد اپنے فرض کی ادائے گی میں ذرا غفلت نہیں کروں گا! ۔ ۔ ۔ اور اگر بھُولے سے، کوئی غلطی ہو بھی

جائے تو اُمید ہے تم مجھے رُوحانی طریقہ پر ہدایت کرو گے! تاکہ میں اُس کی تلافی کی کوشش کروں۔۔۔۔

فرہاد۔ (آہستہ) بے شک رُوحانی زبان ہی میں ہدایت کر لیں گے! ہماری سی زبان بیچاروں کو آتی ہی کہاں ہے۔۔۔۔

ضحاک۔ (دُعا کے طور پر) اے میرے معبودو! لو! میں آج ہی سے تم پر قربانی کرتا! اور تمہیں انسانی سر کا مغز دینا شروع کرتا ہوں!

فرہاد۔ (آہستہ) آہ! خبیث! تُو ملعون کیڑوں کے ساتھ زمین میں کیوں نہیں دھنس جاتا؟

ضحاک۔ (نوکروں سے) موبدوں کو آواز دو! جلدی آئیں۔

ایک نوکر۔ جو حکم! (بائیں طرف سے باہر جاتا ہے۔ قحطان داخل ہوتا ہے۔ اور ضحاک کو سجدہ کر کے چُپ چاپ کھڑا ہو جاتا ہے)

چوتھا نظارہ

(پچھلے افراد ــــــ قحطان)

ضحاک۔ (قحطان سے) کیا خبریں ہیں؟

قحطان۔ میرا خیال ہے کہ حضور والا کے حکم کی مخالفت اور اُس کی تعمیل میں، غفلت تو کسی طرح جائز نہیں ہو سکتی!

فرہاد۔ (اپنے آپ) الٰہی خیر!۔ ۔ ۔ ۔ یہ اب کیا زہر اُگلے گا۔ ۔ ۔ ۔ ؟

ضحاک۔ تم کیا کہنا چاہتے ہو؟

قحطان۔ کل جس دیوانہ کیلئے قتل کا حکم صادر ہوا تھا، اُسے فرار کر دیا گیا ہے۔ ۔ ۔ ۔ !

فرہاد۔ وا مصیبتا!

ضحاک۔ کیا پرویز کو۔ ۔ ۔ ۔ ؟

قحطان۔ جی، حضور!

ضحاک۔ (غصہ سے) کیا کہتا ہے؟ میں نے تو اُسے قید خانہ بھجوایا تھا؟ ۔ ۔ ۔ ۔ کس نے فرار کر دیا؟ ؟

قحطان۔ جن لوگوں کے سپرد کیا گیا تھا اُن سے پوچھنا چاہیے!

فرہاد۔ (اپنے آپ) آہ! میں جس بات سے ڈرتا تھا! وہی آگے آئی!

ضحاک۔ فرہاد۔ پرویز کہاں ہے؟

فرہاد۔ (کانپتے ہوئے) قید خانہ میں! حضور!

قحطان۔ قید خانہ میں!؟؟۔۔۔۔ کس طرح؟؟ (کھڑکی کے پاس جا کر اشارہ کرتا ہے۔ سپاہی پرویز کو پکڑے ہوئے داخل ہوتے ہیں)

پانچواں نظارہ

(پچھلے افراد ــــــ پرویز ــــــ سپاہی)

فرہاد۔ (پرویز کو دیکھ کر حیرت سے پیچھے ہٹ کر) آہ!

ضحاک۔ (غضبناک ہو کر فرہاد سے) میں نے اِس کو قید کرنے کا حکم دیا تھا یا فرار کرنے کا۔۔۔۔؟

(فرہاد کانپ اُٹھتا ہے جواب نہیں دیتا)

پرویز۔ حضور! وہ آپ کے حکم سے سر تابی کی جرأت نہیں کر سکتا تھا! مگر اُسے مجھ سے اِس قدر محبت ہے کہ اُس نے میری بجائے اپنے فرزند کو قید کر کے مجھے آزاد کر دیا (روتے ہوئے) مگر میں اِس کو گوارا نہیں کر سکتا تھا۔۔۔۔ میں ایک لمحہ کے لئے بھی اِسے گوارا نہیں کر سکتا کہ میری بجائے، ایک بے گناہ لڑکے کی جان جائے!۔۔۔۔

اگر یہ لوگ، مجھے نہ بھی گرفتار کرتے تو بھی میں یہاں آتا! ۔۔۔۔ قصور وار میں ہوں! ۔۔۔۔ حکم دیجئے کہ مجھے قید خانہ میں اپنی جگہ بھیج دیا جائے اور اِس غریب کے بے گناہ لڑکے کو رہا کر دیا جائے!

ضحاک۔ نہیں! ۔۔۔۔ اگر یہ شخص اپنے لڑکے کو قتل ہی کرانا چاہتا ہے تو اُسے بھی تیرے ساتھ قتل کیا جائے گا! ۔۔۔۔ اِس شخص نے خود اپنی مرضی سے یہ قربانی دی ہے اور۔۔۔۔ اگر میرے معبود، منظور کر چکے ہیں تو اب اُسے کون چھڑا سکتا ہے؟؟

فرہاد۔ آہ!

قحطان۔ ایک غلام! اور اپنے آقا کی عدول حکمی؟؟ ۔۔۔۔ کس قدر عجیب گستاخی ہے!!

فرہاد۔ (آہستہ) اُف! ملعون!!

ضحاک۔ (سپاہیوں سے) لے جاؤ! اِسے قید خانہ!!

(سپاہی پرویز کو پکڑ کر لے جانا چاہتے ہیں)

پرویز۔ (چلتے چلتے)

قریب ہے یارو! روزِ محشر! چھپے گا کشتوں کا خوف کیونکر؟
جو چُپ رہے گی زبانِ خنجر! لہو پکارے گا آستیں کا!!!

ضحاک۔ (فرہاد سے) قید خانہ کی کُنجی واپس کر! (فرہاد جیب سے ایک بڑی سی کُنجی نکال کر سپاہیوں کے حوالے کرتا ہے۔ سپاہی جاتے ہیں) ٹھیر جا! تجھے بھی سزا دی جائے گی! ابھی دو چار گھڑی ہمیں تیری زندگی کی ضرورت ہے! ۔ ۔ ۔ ۔ تُو بھی تو اپنے لڑکے اور پرویز کے قتل کا پُر لطف سماں دیکھ لے! موبد بائیں طرف سے داخل ہوتے ہیں۔ ضحاک اور سانپوں کے آگے سجدہ کر کے کھڑے ہو جاتے ہیں)

چھٹا نظارہ

(پچھلے افراد ـــــــ موبد)

فرہاد۔ (انتہائی مایوسی کے عالم میں اپنے آپ) واحسرتا! میں نے جس قدر مصیبتیں اُٹھائیں! وہ سب بیکار گئیں! ۔ ۔ ۔ ۔ میں نے جس قدر ذلّتیں برداشت کیں وہ سب بے نتیجہ ثابت ہوئیں! ۔ ۔ ۔ اور اِس سے پہلے کہ مقصد میں کامیابی حاصل ہو! میں اُس کے اور اپنے لختِ جگر کی موت کا باعث ہو رہا ہوں! آہ! بد نصیبی! آہ! (گہرے فکر میں ڈوب جاتا ہے)

ضحاک۔ (موبدوں سے) اے میرے معبودوں کے خاص پرستارو! آج سے ہم اپنے اُس فرض کی تعمیل کرنی شروع کریں گے جو میرے خواب اور تمہاری تعبیر کے مطابق ہم پر عائد ہوتا ہے۔۔۔۔

فرہاد۔ (لرز کر) آہ!

ضحاک۔ آج سے ہم انسانی قربانیوں کی ابتدا کریں گے! اور اب سے بعد ہمارے معبودوں کی غذا اِنسانی مغز ہوا کریگا۔۔۔۔!

موبدوں کا پیشوا۔ بے شک! یہ ہمارے معبودوں کی سچّی عبادت ہے!

فرہاد۔ (اپنے آپ) اگر خود اِس کو یا اِس کے فرزندوں کو قربان کیا جائے تو کیا یہ اُس وقت بھی یہی کہے گا؟

قحطان۔ صرف آج کی قربانی کے لیۓ دس پندرہ لڑکے موجود ہیں۔ علاوہ بر ایں اُن لوگوں کے لڑکے بھی ہیں جو جمشید کے مذہب پر قائم ہیں۔ اگر یہی حال رہا تو ہمیں لڑکوں کی تلاش میں دِقّت نہیں ہوا کرے گی!

ضحاک۔ کیا تمہارا یہ مطلب ہے کہ جمشید کے پیرو بہت ہیں؟؟

قحطان۔ بہت! حضور! مگر اب روز بہ روز کم ہوتے جائیں گے! جب وہ دیکھیں گے کہ جمشید کا مذہب نہ چھوڑنے کی صُورت میں اُن کی اولاد کا یہ حشر ہو رہا ہے تو وہ بہت جلد

سیدھے ہو جائیں گے، اور اِنتہائی عقیدت کے ساتھ ہمارے معبودوں کی پرستش شروع کردیں گے!

موبدوں کا پیشوا۔ قید خانہ میں جو لڑکے ہیں، کیا اُن کا سب کا سر ایک ساتھ قلم کیا جائے گا؟؟

ضحاک۔ نہیں! روزانہ دو کے سر کافی ہوں گے!

قحطان۔ یہ پوچھنا میرا فرض ہے کہ ابتدا کن دو سے کی جائے گی؟

موبدوں کا پیشوا۔ اِس کا فیصلہ قرعہ اندازی کے ذریعہ ہوا کریگا!

فرہاد۔ آہ!

ضحاک۔ یہ بات ہے تو اُن سب کو یہاں بلوا لو! اور قرعہ ڈال کر دیکھ لو! جن کے نام نکلیں، اُن کو قتل کردو! (کھڑا ہو کر اِدھر اُدھر ٹہلتا ہے)

موبدوں کا پیشوا۔ لیکن۔۔۔

ضحاک۔ (ٹھیر کر) کیوں؟ کیا ہے؟؟

موبدوں کا پیشوا۔ اگر قرعہ، خوب چہر کے نام نکلا۔۔۔

ضحاک۔ فوراً قربانی!!

موبدوں کا پیشوا۔ اگر اُس کا قصور معاف فرما دیا جائے۔۔۔

ضحاک۔ (غصہ سے) معاف!۔۔۔!!

قحطان۔ شاید اپنے کئے پر پشیمان ہو۔۔۔

ضحاک۔ نہیں! میری عدول حکمی کرنے والا کبھی اِس دُنیا میں زندہ نہیں رہ سکتا! موبدوں کا پیشوا۔ رحم کیجئے!

ضحاک۔ (جاتے ہوئے) نہیں! اُسے میرے معبودوں پر قُربان ہونے دو!۔۔۔ جاؤ! تم میرے حکم کی تعمیل کرو! اور جس کے نام قرعہ نکلے اُسے فوراً ذبح کر دو! (خادموں کے ہمراہ باہر چلا جاتا ہے)

فرہاد۔ (سر جھکا کر اپنے آپ) آہ! ملعون انسانی جانوں کی ہلاکت کا کس طرح ذکر کرتا ہے، جیسے ککڑی خربوزے کاٹے جائیں گے!۔۔۔ ہائے میرا لختِ جگر! ہائے میری آرزو! میرا مقصد! میرا فرض!۔۔۔ سب کچھ غارت ہوگیا!۔۔۔ اُف! اب کوئی اُمید نہیں رہی!

ساتواں نظارہ

(فرہاد ــــــ قحطان ــــــ موبد)

قحطان۔ (ٹہلتے ہوئے اپنے آپ) اگر میں اُس کو نہیں پا سکتا! تو دُوسرا بھی اُس کے ہاتھ نہیں لگا سکتا!۔۔۔۔ میں نے اِنتقام لے لیا!۔۔۔۔ مجھ پر!! ایک غلام کو ترجیح!!! حالانکہ میں اُس کے باپ کا وزیر ہوں!۔۔۔۔ مجھ پر!!!

موبدوں کا پیشوا۔ (قحطان سے) اگر قرعہ خوب چہرے کے نام نکلا تو میں اُس کے قتل میں کچھ دن تاخیر کروں گا!

قحطان۔ سبب؟۔۔۔۔ سبب؟ بادشاہ سلامت ابھی کیا فرما گئے ہیں؟؟ وہ کیوں؟

موبدوں کا پیشوا۔ فرض کرو! کل اُن کی خفگی دور ہو گئی! اور اُنہوں نے شہزادی کو مجھ سے طلب کیا تو میں جواب دوں گا؟

قحطان۔ نہیں! نہیں! وہ ایک مرتبہ حکم دے چکے ہیں اور اُنکے حکم کی تعمیل ہونی چاہیے!!۔۔۔۔ اگر اس قسم کا کوئی قضیہ پیدا ہو تو اُس کا ذمہ دار میں ہوں!

فرہاد۔ خدا تجھے غارت کرے!

موبدوں کا پیشوا۔ یہ بات ہے تو میں قرعہ ڈالتا ہوں۔ جس کسی کے نام نکلے سر کاٹ لو!

قحطان۔ اُف، وقت گُزرا جاتا ہے۔۔۔۔ اچھا میں خود جاتا ہوں!۔۔۔۔ قید خانہ سے اُن لڑکوں کو بھجواتا ہوں!۔۔۔۔ (جاتا ہے)

آٹھواں نظارہ

(پچھلے افراد ــــــــ قحطان کے سوا)

فرہاد۔ (اپنے آپ) اب تو لانے ہی والے ہیں!۔۔۔۔ آہ۔۔۔۔ بھی لے آئیں گے!۔۔۔۔ اور قرعہ ڈال کر قتل کر دیں گے!۔۔۔۔ کس قدر بیگناہ معصوم لڑکے!۔۔۔۔ آہ، میں ابھی یہیں ٹھیرتا ہوں!۔۔۔۔ میں ابھی سے نا اُمید نہیں ہوتا۔۔۔۔ حالانکہ میرا لختِ جگت بھی! آہ وہ بھی قتل کیا جائے گا۔۔۔۔ آہ، باہر چل کر کوئی تدبیر سوچوں۔۔۔۔ جاؤں؟؟۔۔۔۔ (جانا چاہتا ہے)

موبدوں کا پیشوا۔ کہاں چلا؟؟

فرہاد۔ جہاں میرا فرزند جانے والا ہے!

موبدوں کا پیشوا۔ نہیں! ابھی تجھے سزا دینا باقی ہے! کیا بھُول گیا؟؟

فرہاد۔ (حیرت سے) کیسی سزا؟؟۔۔۔۔

موبدوں کا پیشوا۔ اپنے لڑکے اور اُس دوسرے لڑکے کو قتل ہوتے دیکھنا ہے!! جس کو تو نے فرار کر دیا تھا!۔۔۔۔ یہ منظر تُو اپنی آنکھوں سے دیکھے گا!۔۔۔۔ اس کے بعد جہاں جی چاہے وہاں جا سکتا ہے!

فرہاد۔ (کانپ کر) آہ! رحم کرو! میں اِلتجا کرتا ہوں! میں منتیں کرتا ہوں! مجھے اس قسم کی دلخراش سزا نہ دو!۔۔۔۔ دُنیا میں کوئی ذی روح بھی اسے برداشت نہیں کر سکتا! ۔۔۔۔ آہ، اپنی آنکھوں سے اپنے لختِ جگر کو قتل ہوتے دیکھنا!! نہیں! نہیں! یہ مجھ سے نہ ہوگا!۔۔۔۔ یہ مجھ سے نہیں ہو سکتا (جانے لگتا ہے) جاتا ہوں!

موبدوں کا پیشوا۔ (موبدوں سے) پکڑو! اِسے!! دیکھنا جانے نہ پائے! (موبد فرہاد کو پکڑ کر واپس لے آتے ہیں) تو نے وہ حکم نہیں سُنا؟ جو ہمیں دیا گیا ہے؟ کیا تو اپنی طرح ہمیں بھی عدول حکمی کا مجرم بنانا چاہتا ہے؟۔۔۔۔ اگر تجھے اپنے لڑکے سے محبت تھی تو اُسے قید خانہ میں رکھ کر قربانی کے لیئے کیوں مخصوص کیا تھا؟

فرہاد۔ اِنسانیت کی خاطر!!۔۔۔۔ ایک معصوم کی آزادی کی خاطر!!!

موبدوں کا پیشوا۔ یہ بات ہے تواب بھی ایک حکم کی تعمیل کی خاطر! اپنے لڑکے کو قتل ہوتے دیکھ! اور سرتابی کا خیال چھوڑ دے!

فرہاد۔ (انتہائی غم کی حالت میں اپنے آپ) آہ! میرے لختِ جگر کا قتل!! میری اُس اُمید کی تباہی! جس کی میں نے اٹھارہ سال تک پرورش کی!! ۔ ۔ ۔ آہ! میری اٹھارہ سالہ تکلیفوں کے نتیجہ کا خاتمہ! ۔ ۔ ۔ ہائے! اُس ہستی کو، ان موذی جانوروں کے قربانی کے لئے قتل ہوتے دیکھنا! جس کی میں نے اپنی آنکھوں کے برابر حفاظت کی ہے! ۔ ۔ ۔ واحسرتا!! کیسا عذابِ عظیم ہے!! کیسی قیامت کی مایوسی ہے؟؟ ۔ ۔ ۔ آہ! اب تو جینا حرام ہے!!

موبدوں کا پیشوا۔ (موبدوں سے) اِن چھُروں کو اچھی طرح تیز رکھو! چند قرعے بھی لے آؤ! (دو تین موبد قربان گاہ سے، جہاں چھُرے لٹک رہے ہیں، چھُرے لیکر پتھر پر تیز کرنے لگتے ہیں)

فرہاد۔ (اپنے آپ) اٹھارہ سال تک اپنے ولی نعمت کے خاندان سے غداری! اور اپنے دُشمن کی خدمت کرنے سے، میں نے اپنے لیے دُنیا میں جو نفرت اور ذلّت پیدا کر لی ہے وہ میری یادگار رہیگی!! ۔ ۔ ۔ (مہرو بائیں طرف اندر داخل ہوتی ہے۔) ؟؟؟؟؟؟؟ سے باخبر ہوتی تو ابھی اپنی جان دے دیتی۔ ۔ ۔ ۔ اسے معلوم نہ

ہو!۔۔۔۔ اب اگر معلوم بھی ہوگا تو مایوسی کے بعد!۔۔۔۔ ایسے معلوم ہونے سے نہ معلوم ہونا اچھا ہے!۔۔۔۔

نواں نظارہ

(پچھلے افراد۔۔۔۔۔مہرو)

مہرو۔ (چھرے تیز ہوتے دیکھ کر حیرت انگیز اضطراب سے) واویلا!۔۔۔۔ (فرہاد کے پاس جا کر) فرہاد! یہ کیا ہو رہا ہے؟ (فرہاد جواب نہیں دے سکتا! رو دیتا ہے) آہ! خدایا رحم!!۔۔۔۔ قتل کر دیں گے؟؟ لڑکی کو قتل کر دیں گے؟؟

فرہاد۔ (اپنے آپ) بے چاری عورت! اُس کو نہیں جانتی جس سے اُسے لڑکی سے زیادہ محبت ہونی چاہیے!۔۔۔۔ آہ!! اپنے دُشمن کی لڑکی سے اِتنی محبت؟؟

مہرو۔ (بے چینی سے) ہائے! کہو! کہو!۔۔۔۔ کیا خوب چہر کو قتل کر دیں گے؟

فرہاد۔ (روتے ہوئے) ہاں! میرے لختِ جگر کو بھی! بہت سے بیگُناہ لڑکوں کو بھی؟؟

مہرو۔ آہ! یہ کیا مُصیبت ہے!۔۔۔۔ افسوس! غریب خوب چہر!۔۔۔ کیا تمہارے لڑکے کو بھی قتل کریں گے؟؟

فرہاد۔ (روتے ہوئے) ہاں، میرے اکلوتے بچے کو!! میرے لختِ جگر کو!!

مہرو۔ مگر اس کا سبب! اس کا سبب کیا ہے؟

فرہاد۔ ان غلیظ ناپاک کیڑوں کی پرورش!!

مہرو۔ آہ! مگر کیا اب تم اِن کے معتقد نہیں رہے؟

فرہاد۔ اور۔۔۔ (اپنے آپ) مگر اب چھپانے سے کیا فائدہ؟۔۔۔۔ میری تمام اُمیدیں ختم ہو چکی ہیں!۔۔۔۔ (بلند آواز سے) مجھے اِن ذلیل کیڑوں سے اعتقاد کب تھا؟۔۔۔۔ کبھی بھی نہ تھا!

مہرو۔ تو کیا تم جمشید کے عقیدہ کے قائل ہو؟

فرہاد۔ قائل! بلکہ پرستار! سب سے زیادہ پرستار!!

مہرو۔ یہ بات ہے تو میں تمہیں بتلائے دیتی ہوں!۔۔۔۔ شاید یہ معلوم کر کے تو خوب چہر کی رہائی میں کوشش کرو!۔۔۔۔ اُس کو قتل نہ ہونے دو! (آہستہ) کیونکہ خوب چہر۔۔۔۔ (دائیں طرف سے چند سپاہی، پرویز، خوب چہر اور فرہاد، کاوہ، اور

(کاشتکاروں کے لڑکوں کو گھیرے ہوئے داخل ہوتے ہیں، سب کے ہاتھ پُشت کی طرف بندھے ہوئے ہیں)

دسواں نظارہ

(پچھلے افراد ــــ پرویز ــــ خوب چہر ــــ کاشتکاروں کے لڑکے ــــ فرہاد کا لڑکا ــــ کاوہ کے لڑکے ــــ سپاہی)

مہرو۔ (بے اختیار خوب چہر کی طرف دوڑ کر) ہائے میری بیٹی!!

خوب چہر۔ الوداع! امی جان! آخری وقت آ پُہنچا!

مہرو۔ (خوب چہر کو گلے لگا کر) آہ!

موبدوں کا پیشوا۔ (مہرو سے) تم ایک ایسی لڑکی سے جو سزائے قتل کی مستوجب ہے، اِس قسم کا سلوک کرنے کا حق نہیں رکھتیں! (ایک دو موبد، مہرو کو خوب چہر سے الگ کر کے ایک طرف ہٹا دیتے ہیں)

فرہاد۔ غریب عورت! اپنے لڑکے کے لیے پیچھے ہٹتا ہے) بیٹا! میں تمہیں اپنے ہاتھوں سے جلاد کے حوالے کرتا ہوں! (گلے لگانے کے لئے آگے بڑھتا ہے۔ سپاہی الگ ہٹا دیتے ہیں۔ فرہاد مجبوراً پلٹتا ہے۔ پرویز پر نظر پڑتی ہے) آہ! میرا اٹھارہ سال کی اُمیدوں کا یہ نتیجہ تھا!۔۔۔۔ ایک طرف ہو کر رونے لگتا ہے)

موبدوں کا پیشوا۔ (سپاہیوں سے) لڑکوں کو یہیں رہنے دو! اور تم جاؤ! (سپاہی چلے جاتے ہیں۔ موبد بچوں کو سانپوں کے پنجروں کے آگے لٹا دیتے ہیں اور سجدے کر کے یہ بھجن گاتے ہیں۔۔۔۔!)

جب ہمارے حافظ و ناصر، یہ کُل معبود ہیں!

ہم یہ سب رنج و بلا کے راستے مسدود ہیں!

معتقدِان ہمیشہ عزّت و راحت میں ہیں!

اور دُشمن، سر نگوں، لعنت گہ ذلّت میں ہیں

اب نہ___________ ہم غفلت کریں!

آؤ!___________ عبادت کریں!

ہے یہی سجدہ گہ ہر عام و خاص!

آؤ مِل جُل کر کریں سب التماس!۔۔۔ التماس!!

ہاں، صمیم قلب سے جو بھی کرے گا التماس!
زندگی اُس کی بسر ہوگی ہمیشہ بے ہراس!
گردشِ ایام کا زور، اُس پہ چل سکتا نہیں!
تختِ عزت اُس کے قدموں سے نکل سکتا نہیں!
اب نہ _____ ہم غفلت کریں!
آؤ! _____ عبادت کریں!
ہے یہی سجدہ گہ ہر عام و خاص!
آؤ مل جُل کر کریں سب التماس! ۔۔۔ التماس!!

گیارہواں نظارہ

(پچھلے افراد _____ سپاہیوں کے سوا)

مہرو۔ (روتے ہوئے) آہ! یہ دن بھی نصیبوں میں دیکھنا تھا!
فرہاد۔ (روتے ہوئے) افسوس! ظالم کا ظُلم!! (ہر ایک، ایک طرف ہٹ کر روتا ہے)

موبدوں کا پیشوا۔ (بھجن ختم کر کے) اب انہیں کھڑا کر دو! (موبد لڑکوں کو کھڑا کر دیتے ہیں) قرعے مجھے دو! (ایک موبد ایک تھیلی آگے کرتا ہے، موبدوں کا پیشوا تھیلی میں ہاتھ ڈال کر) "خوب چہر!" (ایک قرعہ باہر نکال کر دیکھتا ہے) "نہیں"!

مہرو۔ نہیں!! کچھ نہیں! الٰہی تیرا شُکر! ابھی دو ایک روز اور زندہ رہیگی! (موبد، خوب چہر کو ایک طرف کر لیتے ہیں)

موبدوں کا پیشوا۔ (دوبارہ تھیلی میں ہاتھ ڈال) "پرویز"! (قرعہ نکال کر دیکھتا ہے) "قتل ہوگا!"

خوب چہر۔ (غش کھا کے گرتی ہے۔ ایک دو موبد آگے بڑھ کر تہام لیتے ہیں۔ پرویز کو دوسری طرف ہٹا لیا جاتا ہے)

فرہاد۔ (انتہائی مایوسی سے) ہائے! اب میری اُمیدیں تھوڑی ہی دیر کی مہمان ہیں! اور بس! اس کے بعد جینا! آہ، اس کے بعد جینا حرام ہے!

مہرو۔ (خوب چہر کو گرتے دیکھ کر) ہائے، میری بیٹی!

موبدوں کا پیشوا۔ (بہرام سے) کیا نام ہے تیرا؟؟

بہرام۔ (کانپتی ہوئی آواز سے) "بہرام"۔۔۔!

موبدوں کا پیشوا۔ (تھیلی میں ہاتھ ڈال کر ایک قرعہ نکال کر) ''نہیں''! رستم سے) تیرا کیا نام ہے؟

رستم۔ رستم!!

موبدوں کا پیشوا۔ (قرعہ نکال کر) قتل ہو گا!

بہرام۔ آہ! بھائی!

رستم۔ بھائی جان! تم بچ گئے! ابا کو دیکھ سکو گے!!

بہرام۔ نہیں بھیا!۔۔۔۔ کل یا پرسوں میرا بھی یہی حال ہونا ہے!

رستم۔ ہائے!

فرہاد۔ (اپنے آپ) میرا سینہ پھٹ جانے کو ہے!

موبدوں کا پیشوا۔ (تھیلی ایک موبد کے ہاتھ میں دیکر) آج کے لیے کافی ہیں یہ! (پرویز اور رستم کی طرف اشارہ کر کے) آج، ان دونوں کی قربانی دی جائے گی! دُوسروں کی باری پھر آئے گی!

خوب چہر۔ (اپنے آپ) وا مصیبتا! اس کو قتل کر دیا جائے اور میں زندہ رہوں! نہیں! ۔۔۔۔ اس کے بعد میں زندہ رہنا نہیں چاہتی!۔۔۔۔ ایک لمحہ کے لئے نہیں چاہتی! (موبدوں کے پیشوا سے) خدارا۔۔۔۔ میں تم سے التجا کرتی ہوں!۔۔۔۔ اس لوہار کے

لڑکے کی بجائے آج مجھے قتل کر دو! میں پرویز کے ساتھ مروں گی! آہ، میں اس کے لئے مرنا چاہتی ہوں! میں اس کے بعد ایک لحہ کے لیے بھی نہیں رہ سکتی!

مہرو۔ (روتے ہوئے اپنے آپ) آہ بد نصیب لڑکی!!

موبدوں کا پیشوا۔ نہیں! یہ نہ ہوگا! قرعہ تمہارے نام نہیں نکلا! میں اس کی بجائے تمہیں کربان (قربان) نہیں کر سکتا!

خوب چہر۔ (عاجزی سے) دیکھو! ایک بادشاہ کی لڑکی! تمہارے ولی نعمت کی لڑکی! تمہارے قدموں پہ سر رکھ کر التجا کرتی ہے! "اس کی اتنی سے التجا قبول کر لو! پرویز کے بعد مجھے زندہ نہ رکھو!

موبدوں کا پیشوا۔ اس وقت تم ایک بادشاہ کی نہیں، بلکہ قانون کی نظر میں ایک واجب القتل لڑکی ہو۔

خوب چہر۔ بے شک! تمہارے رحم کی محتاج! ایک بیکس لڑکی! ۔۔۔۔ آہ! میں تو تم سے صرف اتنی سے عنایت چاہتی ہوں! کہ مجھے زندہ نہ چھوڑو! آج ہی قتل کر دو!

پرویز۔ مجھے خوب چہر سے محبت ہے، میں اُسی کے ساتھ مرنا چاہتا ہوں!

خوب چہر۔ للّٰہ، ہماری یہ آخری آرزو پوری کر دو!

موبدوں کا پیشوا۔ (اُس کا سر اُٹھا کر) یہ نہ ہوگا! ہم نے کہہ جو دیا! ہوں ۔۔۔۔

خوب چہر۔ (روتے ہوئے اپنے آپ) آہ! تقدیر! مرنے سے کچھ دیر پہلے بھی تو، ہماری ذرا سی مُسرت گوارا نہیں کرتی! ۔۔۔۔ آہ، باہمی موت بھی تو نہیں دیتی! قدرت! ہمیں اس آخری نعمت سے بھی تو محروم کر رہی ہے! ۔۔۔۔ ہائے! میری مجبوری! لاچاری! میری بے کسی! بے بسی!! (رو پڑتی ہے)

موبدوں کا پیشوا۔ (موبدوں سے) چلو! اپنا کام کرو! (دو موبد ہاتھوں میں تیز چھرے لیے، پرویز اور رستم کو پکڑ کر قربان گاہ کی طرف لاتے ہیں۔ اور چھرُوں سے ان کی گردن اور سینہ کو آہستہ سے چھو کر اپنا بھجن دوبارہ شروع کرتے ہیں)

جب ہمارے حافظ و ناصر، یہ کُل معبود ہیں!
ہم یہ سب رنج و بلا کے راستے مسدود ہیں!
معتقدان کے ہمیشہ عزّت و راحت میں ہیں!
اور دُشمن، سر نگوں، لعنت گہ ذلّت میں ہیں
اب نہ ________ ہم غفلت کریں!
آؤ! ________ عبادت کریں!
ہے یہی سجدہ گہ ہر عام و خاص!
آؤ مِل جُل کر کریں سب التماس! ۔۔۔۔ التماس!!

ہاں، صمیمِ قلب سے جو بھی کرے گا التماس!
زندگی اُس کی بسر ہوگی ہمیشہ بے ہراس!
گردشِ ایام کا زور، اُس پہ چل سکتا نہیں!
تختِ عزت اُس کے قدموں سے نکل سکتا نہیں!
اب نہ __________ ہم غفلت کریں!
آؤ! __________ عبادت کریں!
ہے یہی سجدہ گہ ہر عام و خاص!
آؤ! مل جُل کر کریں سب التماس! ۔ ۔ ۔ ۔ التماس!!

خوب چہر۔ (جب موبد پرویز کو قتل کے اِرادہ سے پکڑتا ہے) ہائے! (دونوں ہاتھوں سے مُنہ چھپا کر روتی ہے)

فرہاد۔ واحسرتا!! وامصیبتا!! (رونے لگتا ہے)

پرویز۔ الوداع! خوب چہر! الوداع! فرہاد!!

خوب چہر۔ ہائے! پرویز! (روتی ہے)

فرہاد۔ ہائے! میرے بیٹے! میرے آقا!!

(موبد سر کاٹنے کو ہیں۔ باہر کی طرف سے شور و غل کی آواز آتی ہے)

فرہاد۔ (دیوانہ وار دوڑ کر) او خدا! ہماری مدد کر!!

مہرو۔ آہ! او میرے خدا!!

موبد۔ (اُٹھ کر) کیا بات ہے؟

(شور و غل نزدیک ہوتا جاتا ہے کھڑکی سے کاوہ لوہار، ایک ہاتھ میں جھنڈا اور دُوسرے میں ہتھوڑا لئے داخل ہوتا ہے پیچھے پیچھے کاشتکاروں کا ہجوم ہے۔ کاوہ کی بیوی مہربان بھی ساتھ ہے۔ ہجوم بیباکانہ جوش سے اندر داخل ہوتا ہے۔ اور موبدوں کو، چھرُوں سمیت اپنے قابو میں کر لیتا ہے)

بارھواں نظارہ

(پچھلے افراد ـــــ کاوہ ـــــ کاشتکار ـــــ اور دوسرے لوگ)

بہرام۔ (کاوہ کو دیکھ کر) آہ! بابا جان!

کاوہ۔ میرے بیٹے! (بہرام کو پیار کرتا ہے۔ پھر موبد کو دھکا دے کر، رستم کو پیار کرتا ہے۔ کاشتکاروں کے بچے اپنے عزیزوں کی طرف دوڑتے ہیں)

موبدوں کا پیشوا۔ (غلیظ و غضب سے ایک چھرا اُٹھا کر) تم کون ہو؟ تمہیں اس جگہ اس گُستاخی سے داخل ہونے کی کیونکر جُرأت ہوئی؟؟

کاوہ۔ ہم۔۔۔۔ ہم ہیں! تُو بتا تُو کون ہے؟ جس نے جلادی کا فرض اپنے ذمہ لے رکھا ہے! (اُس کے ہاتھ سے چھرا چھین کر اُسی کے مارتا ہے۔ موبدوں کا پیشوا پیچھے ہٹ جاتا ہے)

فرہاد۔ (اپنے آپ) آہ! یہ اسمان سے اُتر کر آئے ہیں!

موبدوں کا پیشوا۔ ٹھیرو! میں ابھی جا کر بادشاہ سلامت سے کہتا ہوں! تب تمہیں پتہ چلے گا!

کاوہ۔ (چھرا پھینک کر ہتھوڑے سے موبد پر حملہ کرتا ہے) لے! میں تجھے بھی بہت جلد وہیں پہنچا دوں! جہاں تیرے بادشاہ سلامت کو پُہنچا کے آیا ہوں!!

موبد۔ (سب کے سب ہم زبان ہو کر) آہ! (حیران ہو کر ایک طرف ہٹ جاتے ہیں۔ کاشتکار رسّیاں کاٹ کر بچوں کے ہاتھ کھولتے ہیں)

فرہاد۔ (متعجب ہو کر کاوہ کے پاس آ کر) تم نے کیا کہا تھا ابھی؟ کیا ہمیں ظالم کے ظلم سے نجات مل گئی؟؟؟

کاوہ۔ ہاں! نہ ظُلم رہا نہ ظالم! ضحاک! نہ قحطان!

فرہاد۔ (خوشی سے بے خود ہو کر دُعا کیلئے ہاتھ اُٹھا کر) الٰہی! تیرا ہزار ہزار شُکر ہے!۔۔۔۔ آج میری دلی مُراد بر آئی!

مہرو۔ (بے تابی سے فرہاد کے پاس آ کر) کیا ہوا؟؟ کیا ہوا؟

فرہاد۔ خوش ہو جاؤ! ہم ظالم کے ظلم سے ہمیشہ کے لئے محفوظ ہو گئے ہیں! نہ ضحاک بچا ہے نہ قحطان!!

مہرو۔ (خوشی کے مارے پھولی نہ سما کر خوب چہر چہ کو گلے لگا کر) آہ! میری بیٹی! ہم بچ گئے!۔۔۔ بچ گئے!!۔۔۔۔ تمہیں تمہارا پرویز ہمیشہ کے لئے مل گیا!۔۔۔۔ (خوب چہر رونے لگتی ہے)

پرویز۔ (جوش مُسرت سے اپنے آپ) کیا یہ صحیح ہے؟ کیا یہ صحیح ہو سکتا ہے؟ یا میں خواب دیکھ رہا ہوں! آہ! میں کیونکر یقین کروں؟؟

فرہاد۔ (پرویز کو بغل گیر کر کے) میرے بیٹے! میرے آقا! میرے ولی نعمت! اب ہم آزاد ہیں!!۔۔۔۔ (اپنے لڑکے کو پیار کر کے میرے لختِ جگر!!

کاوہ۔ (یکایک ایک چھرا ہاتھ میں لے کر موبدوں سے) تم اِس چھرے سے اِن معصوم بچوں کو ذبح کرنا چاہتے تھے؟؟۔۔۔۔ آہ!۔۔۔۔ (غصہ سے) اب میں اسی چھرے سے تمہیں حلال کروں گا! (موبدوں کی طرف بڑھتا ہے)

موبد۔ (سب کے سب کاوہ کے قدموں پہ گر کے) رحم! رحم!

کاوہ۔ ہمارے کلیجہ کے ٹکڑوں کو، ہماری چھاتی سے الگ کر کے تم، اِن موذی کیڑوں کا لُقمہ بنانا چاہتے تھے؟۔۔۔۔ آہ (سانپوں کے پنجرے کو ہتھوڑے مار مار کر چور چور کر دیتا ہے۔ اور اِدھر اُدھر جو چیز نظر آتی ہے توڑ پھوڑ دیتا ہے) تم ان مُردار کیڑوں کی ہمارے بچوں کے مغز سے پرورش کرنا چاہتے تھے۔۔۔۔؟ کیوں!!

موبد۔ توبہ ہے!۔۔۔۔ ہماری توبہ ہے! آج کے بعد، ہم سے بڑھ کر ان سے نفرت کرنے والا کوئی نہ ہو گا!!

فرہاد۔ کیوں نہیں! آج سے پہلے تم سے زیادہ انکی عبادت کرنے والا بھی تو نہ تھا؟۔۔۔۔ اِن کی خاطر! آہ اِن موذی کیڑوں کی خاطر! اِنسانی جانیں قُربان کرنا! اور ان کی غذا کیلیئے اِنسانی مغز تجویز کرنا بھی تو تمہارا ہی الہام تھا؟؟۔۔۔۔ اب تم کہتے ہو کہ تم سے بڑھ کر اِن سے کوئی نفرت نہیں کرے گا! خوب!!۔۔۔۔ سورج مکھی کے پھول

کی طرح، کہ جدھر آفتاب ہوتا ہے! اُسی طرف پھر جاتا ہے!۔۔۔۔ کس قدر خوبصورت تخیل ہے!!!۔۔۔۔

کاوہ۔ (ہتھوڑا اُٹھا کر) نہیں! تمہیں اپنے آقا کا ساتھ دینا چاہیے!۔۔۔۔

فرہاد۔ (کاوہ کا ہاتھ پکڑ کر) جانے دو! اِن پر رحم کرو!

کاوہ۔ (دو چار آدمیوں سے) لینا اِن کو!۔۔۔۔ ذرا ساتھ لے جا کے حُلیہ ٹھیک کر دو! مردودوں کے گیسو کاٹ دو! داڑھی مونڈ دو! اور پھر یہاں لاؤ! (چند کسان موبدوں کو پکڑ کر لے جاتے ہیں)

تیرھواں نظارہ

(پچھلے افراد ـــــــــ موبدوں کے سوا)

قباد۔ (کاوہ سے) تم نے ہمیں ظالم کے ظُلم سے نجات دلائی ہے۔ ہم تمہیں اپنا بادشاہ بناتے ہیں!

کاوہ۔ (ہتھوڑا اُٹھا کر) اِسے دیکھتے ہو؟ یہ میرا ولی نعمت ہے! میں آج تک اِس کی آواز کی چھاؤں میں زندگی گزار تا رہا ہوں! اور اب بھی اسی کے سایہ میں بسر کروں گا!

قباد۔ پھر ہمارا بادشاہ کون ہوگا؟

کاوہ۔ ہمارے بادشاہ کو جمشید کی نسل سے ہونا چاہیے! کیونکہ بادشاہ کے لئے عالی خاندان ہونا ضروری ہے۔ اگر رذیل اور کمینے بادشاہت کے لائق ہوتے تو آج ضحاک کا یہ انجام نہ ہوتا!

قباد۔ آہ! جمشید کی نسل سے ایک فریدوں تو ہے!!

مہرو۔ اُف! (قریب جا کر غور سے سُننا چاہتی ہے)

قباد۔ مگر وہ کسی پہاڑ کی گھاٹی میں ہے!

فرہاد۔ نہیں گھاٹی میں نہیں! اسی جگہ موجود ہے!

مہرو۔ ہائے!

فرہاد۔ (پرویز کا بازو پکڑ کر آگے لا کر) یہ رہا ''فریدوں''!!

مہرو۔ ارے! میرا بیٹا!! میرا بیٹا!!! (بے اختیار سینہ سے لپٹا لیتی ہے)

قباد۔ آہ! جو بچہ تم نے میرے حوالے کیا تھا! جس کو میں نے اپنے بیٹے کی طرح پال پوس کر جوان کیا! وہی فریدوں ہے۔۔۔۔ ؟؟؟ میں تو اِسے آج تک گھاٹی میں خیال کرتا تھا!

مہرو۔ (قباد سے) بابا! تم نے میرے بیٹے کی پرورش کی!۔۔۔۔ آہ! مجھ پر کیسا کچھ احسان کیا؟؟۔۔۔۔ (فرہاد سے) فرہاد! تم نے مجھے کیوں نہ بتایا کہ یہی میرا فریدوں ہے؟؟؟

فرہاد۔ اِس لئے کہ آج کے دن بتلا سکوں!

مہرو۔ (فریدوں کو پیار کرتی ہے) آہ! میرا بچہ! کیا موت کے مُنہ سے بال بال بچا ہے؟؟ (فریدوں کا ہاتھ پکڑ کر خوب چہر کے پاس لاتی ہے) لو! میری بیٹی! خوشی مناؤ! ہمیں ظالم کے ظلم سے نجات مل گئی ہے! اب تم ہمیشہ اِسی کے ساتھ رہو گی، جس سے تمہیں محبت ہے! اب تمہارا محبوب پرویز نام کا، غلام نہیں بلکہ فریدوں نام کا ایک شہزادہ ہے!۔۔۔۔ میرا بیٹا ہے!!۔۔۔۔ (خوب چہر کو غمگین دیکھ کر) بیٹی تم خوش ہونے کی بجائے غمگین ہو!۔۔۔۔ کیوں؟ سب خوب چہر کے پاس جمع ہو جاتے ہیں)

خوب چہر۔ امی جان! یہ سچ ہے کہ اُسے مجھ سے محبت نہ تھی! اس نے میرے قتل کا بھی حکم دے دیا تھا! مگر پھر بھی وہ میرا باپ تھا!! (روتی ہے)

مہرو۔ نہیں! نہیں! بیٹا! وہ ملعون ہرگز تمہارا باپ نہ تھا!!

خوب چہر۔ کیا۔۔۔۔؟؟

مہرو۔ (خوب چہر کے بازو سے بازو بند کھول کر کاوہ کے ہاتھ میں دے کر) اس کو کھولو!

فرہاد۔ اللہ! اللہ! اس میں بھی کوئی راز ہے! جس طرح میں نے اس سے ایک راز چھپایا تھا! اسی طرح اس نے بھی مجھ سے ایک راز چھپا رکھا تھا! (کاوہ، بازو بند کو، ہتھوڑے پر مار کر توڑ دیتا ہے اندر سے ایک چمڑے کا ٹکڑا نکلتا ہے، جسے فرہاد کے حوالے کرتا ہے فرہاد پڑھتا ہے) ''نور چشمی خوب چہر!۔۔۔۔ میں تمہیں ایک سال کی عمر میں چھوڑ کر آخرت کا سفر اختیار کرتی ہوں! تمہیں ہر ایک ضحاک کی لڑکی خیال کرتا ہے۔ مگر تم جمشید کی پوتی ہو''۔۔۔۔! آہ!

خوب چہر۔ آہ! تو میں ضحاک کی لڑکی نہیں ہوں؟ میں تمہاری بھتیجی ہوں؟؟

مہرو۔ ہاں! میری بیٹی! میری بھتیجی! میری جان!! (فرہاد سے) آگے پڑھو!

فرہاد۔ (پڑھتا ہے) ''یہ راز صرف تمہاری پھوپھی مہرو کو معلوم ہے۔۔۔۔ ایک دن تمہارے کام آئے گا!''

دستخط

''تمہاری والدہ''

سُبحان اللہ!

خوب چہر۔ (خوش ہو کر) اللہ! میں کتنی خوش نصیب ہوں؟ فریدوں اور میں ایک ہی خاندان سے ہیں!۔۔۔۔ مجھے اُس سے بلاوجہ محبت نہیں ہوئی تھی۔۔۔۔!!

فرہاد۔ اور اب وہ تمہارا شوہر بھی ہوگا! ہے کہ نہیں!! (خوب چہر شرما کر سر نیچا کر لیتی ہے۔ مہرو سے) ہے کہ نہیں؟؟

مہرو۔ بے شک! بے شک!

فریدوں۔ (اپنے آپ) الٰہی! تیرا شکر! (خوب چہر کا ہاتھ پکڑ کر) دیکھو! ایک وقت وہ تھا کہ ہم ایک دوسرے کے ساتھ مرنے کی آرزو کرتے تھے، اور وہ بھی ممکن نہ تھی! یا ایک یہ وقت ہے کہ ایک دُوسرے کے ساتھ جینے کی تمنا ہے اور وہ پوری ہو رہی ہے!۔۔۔۔ ہم کس قدر خوش نصیب ہیں؟؟

خوب چہر۔ اِلٰہی! تیرا شُکر! ہزار بار شُکر!!

فرہاد۔ اب ذرا تھوڑی دیر صبر کرو! (دوڑ کر باہر جاتا ہے اور ایک جگمگاتا ہوا تاج لے کر آتا ہے) جمشید کا تاج و تخت اُس کے پوتے فریدوں کو مُبارک ہو!

سب۔ مبارک! مبارک! سلامت! سلامت!!

(فریدوں کا بازو تھام کر ذیل کا ترانہ گاتے ہوئے اور رقص کرتے ہوئے اُسے تخت کی طرف لاتے ہیں)

ترانہ

ساقیا!

ساقیا!

بادۂ گلگوں بیار!!!

ساقیا۔۔!
ظلم کی تاریکیاں مُرجھا گئیں! عدل کی رنگینیاں پھر چھا گئیں!
عیش و راحت کی ہوائیں آگئیں!

۔۔چھا گیا ابرِ بہار!!۔۔۔۔ساقیا!

۔بادۂ گلگوں بیار!! ساقیا!

ساقیا۔۔!
جن کے ہنگاموں سے کانپ اُٹھتے تھے ہفت افلاک بھی!
کچھ نشاں ملتا نہیں آج اُن کا زیرِ خاک بھی!
ظلم و ظالم کا نتیجہ، کتنا عبرت خیز ہے!

ظلم بھی خاموش ہے، اور ظالم سفاک بھی!
ظلم کی تاریکیاں مُرجھا گئیں! عدل کی رنگینیاں پھر چھا گئیں!
عیش و راحت کی ہوائیں آ گئیں!

۔ ۔ ۔ آ گئی فصلِ بہار! ساقیا!

۔ ۔ ۔ بادۂ گلگوں بیار! ساقیا!

ساقیا ۔ ۔ ۔ !!

صبر کر! مظلوم! جورِ بیکراں پر صبر کر!
آفت و رنج و بلائے ناگہاں پر صبر کر!
گردشِ ایام و دورِ آسماں پر صبر کر!
صبر کو محبوب رکھتا ہے خدائے پاک بھی!
ظلم کی تاریکیاں مُرجھا گئیں! عدل کی رنگینیاں پھر چھا گئیں!
عیش و راحت کی ہوائیں آ گئیں!

۔ ۔ ۔ ۔ باغ میں گل در کنار! ساقیا!

۔ بادۂ گلگوں بیار! ساقیا!

ساقیا ۔ ۔ ۔ !!

عدل سے آباد ہے یہ کارگہ! غافل نہ ہو!
عقل ہے سر میں تو ظلم و جور پر مائل نہ ہو!
عدل سے رکھ کام! محوِ فخرِ بے حاصل نہ ہو!
عدل کے قدموں پہ ہیں محوِ سجود، افلاک بھی!!
ظلم کی تاریکیاں مُرجھا گئیں! عدل کی رنگینیاں پھر چھا گئیں!
عیش و راحت کی ہوائیں آ گئیں!

۔۔۔۔ ہیں فضائیں مشکبار!۔۔۔۔ ساقیا!

۔۔ بادۂ گلگوں بیار! ساقیا!

ساقیا۔۔۔!!

جشنِ نوروزی ہے برپا، کُل فضائیں شاد ہیں!
باغ ہیں سرمست، باغوں کی ہوائیں شاد ہیں!
ساری دُنیا خوش ہے، دُنیا کی اداٸیں شاد ہیں!
شاد ہے بندوں سے آج اپنے، خداٸے پاک بھی!!
ظلم کی تاریکیاں مُرجھا گئیں! عدل کی رنگینیاں پھر چھا گئیں!
عیش و راحت کی ہوائیں آ گئیں!

مہرباں ہے کردگار! ساقیا!

بادۂ گلگوں بیار!۔ ساقیا!

ساقیا۔۔۔!!

(چند اشخاص، موبدوں کو پکڑے ہوئے لاتے ہیں۔ اِس حال میں کہ اُن کی ڈاڑھی اور سر کے بال مونڈ دیئے گئے ہیں۔)

کاوہ۔ (جب لوگ ترانہ و رقص سے فارغ ہو کر فریدوں کو تخت پر بٹھانا چاہتے ہیں، ہاتھ کے اشارہ سے روک کر) ذرا ٹھیرو! (ہتھوڑا اور جھنڈا تخت پر رکھ کر) تخت پر بیٹھنا اتنا آسان نہیں!۔۔۔۔ دیکھو! جس شخص نے اِس ملک کو ظالم کے ظلم سے نجات دلائی ہے۔ وہ یہ جھنڈا اور ہتھوڑا تیرے حوالے کرتا ہے!۔۔۔۔ اگر تم نے حق، اِنصاف، اور نیکی کے ساتھ حکومت نہیں کی! اور رعایا سے باپ، بھائی، اور اولاد کی طرح سلوک نہیں کیا! تو یاد رکھو! تمہارا بھی ایسا ہی انجام ہو گا!۔۔۔۔ پہلے اِس جھنڈے اور ہتھوڑے کی قسم کھاؤ پھر تخت پر بیٹھنا!

فریدوں۔ جب تک ایران کا نام و نشان باقی رہے گا! اس جھنڈے اور ہتھوڑے کی عزت کی جائے گی!۔۔۔۔ اور میں اِن دونوں کی قسم کھا کر کہتا ہوں کہ میں اپنی رعایا کو باپ، بھائی، اور اولاد کی طرح سمجھوں گا! اور اِن کی خدمت گزاری میں ذرّہ بھر کوتاہی

نہیں کروں گا! میں ظُلم و ستم سے نفرت کروں گا! اور حق و انصاف کا دامن کبھی ہاتھ سے نہ چھوڑوں گا۔۔۔۔!

کاوہ۔ (ہتھوڑے اور جھنڈے کو ایک طرف ہٹا کر) اب تم بیٹھ سکتے ہو!

(فریدوں تخت پر بیٹھتا ہے)

سب کے سب۔ پائندہ باد انصاف! پائندہ باد نیکی!! لعنت بر ضحاک!! لعنت بر ظلم و ظالم!!

(پردہ گرتا ہے)

تدوین اور پروف ریڈنگ   : اعجاز عبید